BUSINESS DEVELOPMENT UND GROWTH HACK

FÜR KLEINE UNTERNEHMEN UND START-UPS

Sangati Jagan Mohan Reddy

An alle Start-up-Unternehmer und Kleinunternehmer da draußen,

Dieses Buch ist Ihnen gewidmet. Sie haben den Mut und die Entschlossenheit, Risiken einzugehen und etwas aus dem Nichts zu schaffen. Ihre harte Arbeit und Ihr Engagement für Ihre Unternehmen sind eine Inspiration für uns alle. Möge dieses Buch Ihnen helfen, Ihr Geschäft zu entwickeln und Ihre Ziele zu erreichen.

Aufrichtig

Sangati Jagan Mohan Reddy

Ausdauer

Entschlossenheit

Vorwort

Bestätigungen

Prolog

1.	Was ist Business Development?
2.	Etablieren Sie eine Clear Mission und Vision.
3.	Entwickeln Sie einen umfassenden Geschäftsplan
4.	Identifizieren Sie Zielmärkte und Kunden
5.	Erforschen Sie Wettbewerber und Branchentrends
6.	Entwickeln Sie eine Marketingstrategie
7.	Entwickeln Sie eine Werbestrategie
8.	Entwickeln Sie eine Vertriebsstrategie
9.	Vertriebsstrategien
10.	Erstellen Sie das Budget und den Finanzplan
11.	Sicherung von Finanzierung und Kapital
12.	Nutzen Sie Technologie zur Effizienzsteigerung

13. Entwickeln Sie eine
    Kundendienststrategie

14. Erstellen Sie ein Netzwerk von Partnern
    und Anbietern

15. Entwickeln Sie ein System zur
    Verfolgung des Fortschritts

16. Erstellen Sie ein System für das
    Risikomanagement

17. Entwickeln Sie ein System zur
    Verwaltung von Kundenbeziehungen

18. Entwicklung eines Systems zur
    Verwaltung von
    Mitarbeiterbeziehungen

19. Erstellen Sie ein System zur
    Verwaltung des Inventars

20. Verwaltung von Kundenfeedback

21. Entwicklung eines Systems zur
    Verwaltung von Kundendaten

Erschließen Sie jetzt Ihr Geschäftspotenzial

Ausdauer

YS Jagan Mohn Reddy

YS Jagan Mohan Reddy, Chief Minister von Andhra Pradesh, ist bekannt für seine bedeutenden Beiträge zur Geschäftsentwicklung und zum Startup-Ökosystem von Andhra Pradesh. Er war ein Führer, der angesichts von Widrigkeiten große Ausdauer gezeigt und hart gearbeitet hat, um sicherzustellen, dass die Entwicklung des Staates auf Kurs ist.

Entschlossenheit

Biyyapu Madhu Sudhan Reddy

Biyyapu Madhusudhan Reddy, Mitglied der Gesetzgebenden Versammlung (MLA) ausdem Wahlkreis SriKalahasti, ist ein starker Befürworter der Entwicklung des Startup-Ökosystems und der Geschäftsentwicklung. Er hat unermüdlich daran gearbeitet, ein Umfeld zu schaffen, das dem Wachstum und Erfolg von Startups und Unternehmen förderlich ist. Er ist auch ein Mentor und Berater für viele Startups und bietet Anleitung und Unterstützung, um ihnen zu helfen, ihre Ziele durch verschiedene Regierungsinitiativen zu erreichen. Sein Engagement, das Leben von Unternehmern zu verändern, ist lobenswert und sein Beitrag zum Startup-Ökosystem ist von unschätzbarem Wert. Er ist ein wahres Beispiel für Entschlossenheit und harte Arbeit.

Vorwort

Es ist mir eine Freude, ein Vorwort zu diesem Buch zu schreiben, in dem es um die Geschäftsentwicklung für kleine Unternehmen und Start-ups geht. Da sich die Geschäftsweltständig weiterentwickelt und verändert, ist es für Kleinunternehmer und Start-up-Unternehmer unerlässlich, der Zeit voraus zu sein und wettbewerbsfähig zu bleiben. Dieses Buch bietet unschätzbare Einblicke und Strategien für die Entwicklung und das Wachstum eines kleinen Unternehmens oder Start-ups.

Dieses Buch wurde von einem sehr erfahrenen Unternehmensberater geschrieben, der über Kenntnisse und Expertise im Bereich der Geschäftsentwicklung verfügt. Er bietet praktische Ratschläge und Anleitungen, wie Sie einen erfolgreichen Geschäftsplan erstellen, eine starke Marketingstrategie entwickeln und einen Wettbewerbsvorteil schaffen können. Er bietet auch wertvolle Einblicke, wie man Finanzen verwaltet, Investoren anzieht und ein starkes Geschäft aufbaut.

Dieses Buch ist eine unverzichtbare Ressource für jeden Unternehmer oder Kleinunternehmeroder Start-ups, der sein Unternehmen auf die nächste Stufe bringen möchte. Es ist gefüllt mit nützlichen Informationen und Strategien, die Unternehmern und

Kleinunternehmern helfen können, das Beste aus ihren Geschäftsmöglichkeiten zu machen. Ich empfehle dieses Buch jedem, der sein Geschäft entwickeln und ausbauen möchte.

Dieses Buch soll Kleinunternehmern und Start-ups helfen, ihr Geschäft zu entwickeln. Es bietet einen umfassenden Überblick über die wichtigsten Aspekte der Geschäftsentwicklung, von der Gründung eines Unternehmens über das Management seines Wachstums bis hin zu den Marketing- und Vertriebsstrategien, die für den Erfolg erforderlich sind.

Das Buch ist in einem einfachen und leicht verständlichen Stil geschrieben, so dass es für Leser aller Erfahrungsstufen zugänglich ist. Es ist in Abschnitte unterteilt, die die verschiedenen Phasen der Geschäftsentwicklung abdecken, von den ersten Planungsphasen bis hin zum Wachstum und der Expansion des Unternehmens. Jeder Abschnitt enthält praktische Ratschläge und Tipps, wie Sie die verfügbaren Möglichkeiten optimal nutzen können.

Das Buch richtet sich an Kleinunternehmer und Start-ups, die ihr Geschäft weiterentwickeln möchten. Es eignet sich auch für diejenigen, die erwägen, ein Unternehmen zu gründen, sowie für diejenigen, die bereits dabei sind, ihr Unternehmen zu gründen.

Dieses Buch ist das Ergebnis jahrelanger Forschung und Erfahrung auf dem Gebiet der Geschäftsentwicklung. Es basiert auf dem Wissen und den Erkenntnissen erfahrener Geschäftsinhaber, Unternehmer und Experten auf diesem Gebiet. Ich hoffe, daß dieses Buch den Lesern die Informationen und Anleitungen geben wird, diesie benötigen, um ihr Geschäft zu entwickeln und erfolgreich zu sein.

Bestätigungen

Ich möchte meinen Geschäftspartnern und Partnern für ihre unschätzbare Beratung und Unterstützung während des gesamten Schreibprozesses danken. Ihre Einsichten und ihr Fachwissen trugen dazu bei, dieses Buch zu dem Endprodukt zu machen, das es heute ist.

Ich möchte auch meiner Frau, meinen Kindern, meiner Familie, Freunden und Verwandten für ihre unerschütterliche Unterstützung und Ermutigung danken. Ohne ihre Liebe und ihr Verständnis wäre dieses Buch nichtmöglich gewesen.

Ich bin auch den Kleinunternehmern und Start-ups dankbar, die ihre Geschichten und Erfahrungen mit mir geteilt haben. Ihre Bereitschaft, sich zu öffnen und ihre Reisen zu teilen, war für dieses Buch von unschätzbarem Wert.

Abschließend möchte ich allen Lesern danken, die sich die Zeit genommen haben, dieses Buch zu lesen. Ich hoffe, es hilft Ihnen bei Ihrer Geschäftsentwicklung.

Prolog

Die Geschäftswelt verändert und entwickelt sich ständig weiter, und der Erfolg eines jeden Unternehmens hängt von seiner Fähigkeit ab, der Zeit voraus zu sein . Für kleine Unternehmen und Start-ups kann dies eine entmutigende Aufgabe sein. Mit begrenzten Ressourcen und mangelnder Erfahrung kann es schwierig sein zu wissen, wo man anfangen soll.

Dieses Buch wurde entwickelt, um Kleinunternehmern und Start-ups die Werkzeuge und die Werkzeuge an die Hand zu geben, diesie benötigen, um ihr Geschäft zu entwickeln und Erfolg zu erzielen. Es deckt eine breite Palette von Themen ab, von Marketing und Finanzen bis hin zu Betrieb und Kundenservice, und bietet praktische Ratschläge zum Aufbau und zur Aufrechterhaltung eines erfolgreichen Unternehmens.

Egal, ob Siegerade erst anfangen oder seit Jahren im Geschäft sind, dieses Buch bietet Ihnen die Einblicke und Strategien, die Sie benötigen, um Ihr Unternehmen auf die nächste Stufe zu bringen. Mit dem richtigen Wissen und Engagement können Sie ein florierendes Unternehmen schaffen, das den Test der Zeit bestehen wird.

Das Buch ist für Unternehmer und Kleinunternehmer geschrieben, die ihr Geschäft auf die nächste Stufe bringen möchten. Es ist als umfassende Ressource konzipiert, die verwendet werden kann , um einen Geschäftsplan zu entwickeln, Chancen zu identifizierenund eine Roadmap für den Erfolg zu erstellen.

KAPITEL EINS

Was ist Business Development?

Geschäftsentwicklung ist der Prozess des Wachstums eines Unternehmens durch Identifizierung und Nutzung von Möglichkeiten, den Umsatz zu steigern, in neue Märkte zu expandieren und neue Produkte oder Dienstleistungen zu entwickeln. Es umfasst eine breite Palette von Aktivitäten, wie Marktforschung, strategische Planung, Produktentwicklung, Vertrieb und Marketing sowie Kundenservice. Business Development ist ein wichtiger Bestandteil eines jeden Unternehmens, da es dazu beiträgt, dass das Unternehmen langfristig wettbewerbsfähig und profitabel bleiben kann.

Business Development ist ein weit gefasster Begriff, der viele verschiedene Aktivitäten umfasst. Es geht um die Entwicklung neuer Produkte oder Dienstleistungen, die Expansion in neue Märkte oder die Verbesserung bestehender Produkte oder Dienstleistungen. Es geht auch darum, Chancen zur Umsatzsteigerung zu identifizieren und zu nutzen, z. B. durch strategische Partnerschaften, Marketingkampagnen oder Neukundengewinnung. Business Development ist ein kontinuierlicher Prozess, da Unternehmenihre Strategien ständig evaluieren und an veränderte Marktbedingungen anpassen.

Business Development wird oft als strategischer Prozess gesehen, da es darum geht, Entscheidungen über die Zukunft des Unternehmens zu treffen. Es erfordert ein gründliches Verständnis der Stärken und Schwächen des Unternehmens sowie ein Verständnis der Wettbewerbslandschaft. Unternehmen müssen auch eine klare Vorstellung davon haben, wohin sie wollen und wie sie dorthin gelangen wollen.

Business Development ist auch ein Innovationsprozess. Unternehmenmüssen ständig nach neuen Wegen suchen, um ihre Produkte oder Dienstleistungen zu verbessern oder neue zu entwickeln. Dies erfordert ein tiefes Verständnis der Kundenbedürfnisse und die Fähigkeit, kreative Lösungen zu entwickeln, um diese Bedürfnisse zu erfüllen.

Business Development ist ein kompletterProzess, der viel Planung und Ausführung erfordert. Unternehmen müssen bereit sein, Zeit und Ressourcen in den Prozess zu investieren, um den Erfolg zu sichern. Es ist auch wichtig, ein Team von erfahrenen Fachleuten zu haben, die uns helfen, das Unternehmen zu führen.

KAPITEL ZWEI

Legen Sie eine klare Mission und Vision fest.

Die Festlegung einer klaren Mission und Vision für die Geschäftsentwicklung ist für jedes Unternehmen unerlässlich. Ein Leitbild und eine Vision bieten eine Roadmap für die Zukunft des Unternehmens und skizzieren die Ziele undZiele, die erreicht werden müssen, um erfolgreich zu sein. Sie bieten auch ein Gefühl von Zweck und Richtung für Mitarbeiter, Kunden und Stakeholder.

- Der erste Schritt zur Festlegung einer klaren Mission und Vision für die Geschäftsentwicklung besteht darin, den Unternehmenszweck zu definieren. Dies sollte eine Erklärung darüber enthalten, warum das Unternehmen existiert, was es zu erreichen hofft und wie es dies zu tun plant. Diese Aussage sollte prägnant und leicht verständlich sein und gleichzeitig die Kernwerte und Überzeugungen des Unternehmens vermitteln.

- Im nächsten Schritt gilt es, die Kernkompetenzen des Unternehmens zu identifizieren. Dies sollte die Fähigkeiten,

Kenntnisse und Ressourcen umfassen, die das Unternehmen zu bieten hat. Dies wird dazu beitragen, den Wettbewerbsvorteil des Unternehmens zu definieren und auch die Entwicklung der Unternehmensstrategie zu steuern.

- Der dritte Schritt besteht darin, Ziele und Vorgaben zu setzen. Diese sollten spezifisch, messbar, erreichbar, relevant und zeitgebunden sein. Sie sollten auch mit der Mission und Vision des Unternehmens in Einklang gebracht werden. Die Ziele sollten regelmäßig überprüft und aktualisiert werden, um sicherzustellen, dass sie relevant und erreichbar bleiben.

- Der vierte Schritt besteht darin, eine Strategie zu entwickeln. Dies sollte einen detaillierten Aktionsplan enthalten, der darlegt, wie das Unternehmen seine Ziele und Ziele erreichen wird. Es sollte auch einen Zeitplan für die Umsetzung und ein Budget für Ressourcen enthalten.

- Der fünfte Schritt besteht darin, die Mission und Vision allen Beteiligten zu vermitteln. Dazu sollten Mitarbeiter, Kunden, Lieferanten und Investoren gehören. Es ist wichtig sicherzustellen , dass jeder das Unternehmen versteht

DRITTES KAPITEL

Entwickeln Sie einen umfassenden Geschäftsplan

Ein umfassender Geschäftsplan ist ein Dokument, das die Strategie und Ziele eines Unternehmens umreißt. Es ist eine Roadmap für die Zukunft des Unternehmens und dient als Leitfaden für die Entscheidungsfindung. Ein umfassender Geschäftsplan sollte eine Zusammenfassung, eine Marktanalyse, eine Wettbewerbsanalyse, einen Finanzplan und einen operativen Plan enthalten.

Die Zusammenfassung ist der erste Abschnitt des Businessplans und soll einen kurzen Überblick über das Unternehmen geben. Es sollte das Leitbild des Unternehmens, eine Beschreibung der angebotenen Produkte oder Dienstleistungen und den Zielmarkt enthalten.

Die Marktanalyse sollte eine Bewertung des aktuellen Marktes, eine Analyse des Wettbewerbs und eine Beschreibung des Zielmarktes umfassen. Es sollte auch eine Analyse der Branchentrends und eine Beschreibung der Marketingstrategie enthalten.

Die Wettbewerbsanalyse sollte eine Analyse der Stärken und Schwächen des Wettbewerbs und eine Beschreibung der Differenzierung des Unternehmens vom Wettbewerb enthalten.

Der Finanzplan sollte eine Beschreibung der finanziellen Ziele des Unternehmens, eine Beschreibung der Kapitalstruktur und eine Beschreibung der Finanzprognosen enthalten.

Der operative Plan sollte eine Beschreibung der Geschäftstätigkeit des Unternehmens, eine Beschreibung des Managementteams und eine Beschreibung der operativen Prozesse enthalten.

Ein umfassender Geschäftsplan sollte auch einenAnhang mit unterstützenden Dokumenten wie Jahresabschlüssen, Marktforschung und Kundenbefragungen enthalten. Der Geschäftsplan sollte regelmäßig überprüft und aktualisiert werden, um sicherzustellen, dass er auf dem neuesten Stand ist und das aktuelle Geschäftsumfeld widerspiegelt.

KAPITEL VIER

Zielmärkte und Kunden identifizieren

Die Identifizierung von Zielmärkten und Kunden in der Geschäftsentwicklung ist ein wichtiger Schritt bei der Einführung eines neuen Produkts oder einer neuen Dienstleistung. Es geht darum, die Bedürfnisse potenzieller Kunden zu erforschen und die Wettbewerbslandschaft zu verstehen. Ziel ist es, die profitabelsten und tragfähigsten Märkte für Ihr Produkt oder Ihre Dienstleistung zu identifizieren.

- **Marktforschung betreiben**: Der erste Schritt zur Identifizierung von Zielmärkten und Kunden ist die Durchführung von Marktforschung. Dies führt dazu, dass Daten über die Größe und Merkmale des Zielmarktes, die Wettbewerbslandschaft und die Bedürfnisse und Präferenzen des Kunden gesammelt werden. Diese Forschung soll durch Umfragen, Interviews, Fokusgruppen und andere Methoden durchgeführt werden.

- **Analysieren Sie die Daten:**Wenn die Daten gesammelt wurden, müssen sie analysiert werden, um potenzielle Zielmärkte und Kunden zu identifizieren. Dies beinhaltet die Betrachtung der Daten, um festzustellen, welche Arten von Kunden am ehesten an dem Produkt oder der Dienstleistung interessiert sind, was ihre Bedürfnisse und Präferenzen sind und wie die Wettbewerbslandschaft aussieht.

- **Profil entwickeln**: Nach der Analyse der Daten ist es wichtig, ein Profil des Zielmarktes und der Kunden zu erstellen. Dieses Profil sollte demografische Informationen wie Alter, Geschlecht, Einkommensniveau und Standort enthalten. Es sollte auch psychografische Informationen wie Lebensstil, Interessen und Werte enthalten.

- **Chancen identifizieren**: Sobald der Zielmarkt und das Kundenprofil entwickelt wurden, ist es wichtig, potenzielle Chancen für das Produkt oder die Dienstleistung zu identifizieren. Dies beinhaltet die Betrachtung der Wettbewerbslandschaft, um Bereiche zu identifizieren, in denen das Produkt oder die Dienstleistungen differenziert sind und in denen Wachstumspotenzial besteht.

- **Entwickeln Sie eine Strategie**: Sobald die Chancen identifiziert wurden, ist es wichtig, eine Strategie zu entwickeln, um den Zielmarkt und die Kunden zu erreichen.

FÜNFTES KAPITEL

Erforschen Sie Wettbewerber und Branchentrends

Die Erforschung von Wettbewerbern und Branchentrends ist ein wichtiger Teil der Geschäftsentwicklung. Es hilft Unternehmen, Chancen zu erkennen, der Konkurrenz einen Schritt voraus zu sein und Strategien zu entwickeln, um ihren Marktanteil zu erhöhen. Indem sie sich die Zeit nehmen, Wettbewerber und Branchentrends zu recherchieren und zu analysieren, gewinnen Unternehmen einen Wettbewerbsvorteil underhöhen ihre Erfolgschancen.

- **Identifizieren Sie Wettbewerber**: Der erste Schritt bei der Erforschung von Wettbewerbern und Branchentrends besteht darin, Ihre Konkurrenten zu identifizieren. Dies geschieht durch die Erforschung der Branche und die Suche nach Unternehmen, die ähnlicheProdukte oder Dienstleistungen anbieten. Sie können auch Online-Tools und Marktforschung verwenden, um herauszufinden, wer Ihre Konkurrenten sind.

- **Analysieren Sie Wettbewerber**: Sobald Sie Ihre Konkurrenten identifiziert haben, besteht der nächste Schritt darin, ihre Strategien zu analysieren. Schauen Sie sich ihre Website, soziale Präsenzund alle anderen Marketingmaterialien an, die sie haben. Dies gibt Ihnen eine Vorstellung von ihrem Zielmarkt, ihrer Preisstrategie und anderen Faktoren, die Ihnen helfen, eine Wettbewerbsstrategie zu entwickeln.

- **Überwachen Sie Branchentrends**: Es ist wichtig, über Branchentrends auf dem Laufenden zu bleiben. Dies geschieht durch das Lesen von Branchenpublikationen, die Teilnahme an Messen und das Networking mit anderen Branchenexperten. Sie sollten auch an Branchenveranstaltungen und Konferenzen teilnehmen, um über die neuesten Entwicklungen in der Branche informiert zu bleiben. Dieswird Ihnen helfen, neue Möglichkeiten zu identifizieren und der Konkurrenz einen Schritt voraus zu sein.

- **Strategien entwickeln**: Sobald Sie Ihre Wettbewerber identifiziert und Branchentrends überwacht haben, besteht der nächste Schritt darin, Strategien zu entwickeln, um Ihren Marktanteil zu erhöhen. Dazu gehören die Entwicklung neuer Produkte oder Dienstleistungen, die Expansion in neue Märkte oder die Verbesserung Ihrer bestehenden Produkte und Dienstleistungen.

- **Analysieren Sie Ihre eigene Leistung**: Neben der Erforschung Ihrer Wettbewerber und Branchentrends sollten Sie auch Ihre eigene Leistung analysieren. Dies sollte durch einen Blick auf Ihre Verkaufszahlen, Kundenfeedback und andere Datenpunkte erfolgen. Dies wird Ihnen helfen , Bereiche für Verbesserungen und Wachstumsmöglichkeiten zu identifizieren.

SECHSTES KAPITEL

Entwickeln Sie eine Marketingstrategie

Die Entwicklung einer Marketingstrategie für die Geschäftsentwicklung ist ein wesentlicher Bestandteil jedes erfolgreichen Unternehmens. Eine Marketingstrategie ist ein Aktionsplan, der beschreibt, wie ein Unternehmen seine Ziele erreichen wird. Es handelt sich um einen umfassenden Plan, derMarktforschung, Produktentwicklung, Preisgestaltung, Werbung, Vertrieb und Kundenservice umfasst.

Der erste Schritt bei der Entwicklung einer Marketingstrategie besteht darin, den Zielmarkt zu identifizieren. Dies beinhaltet die Erforschung des Zielmarktes, um ihre Bedürfnisse, Wünsche und Präferenzen zu verstehen. Sobald der Zielmarkt identifiziert ist, besteht der nächste Schritt darin, ein Produkt oder eine Dienstleistung zu entwickeln, die den Bedürfnissen des Zielmarktes entspricht. Dabei geht es darum, den Wettbewerb zu erforschen und ein einzigartiges Produkt oder eine einzigartige Dienstleistung zu entwickeln,die das Unternehmen von seinen Mitbewerbern unterscheidet.

Der nächste Schritt besteht darin, die Preisstrategie

festzulegen. Dies beinhaltet die Erforschung der Konkurrenz und die Bestimmung der besten Preisstrategie zur Gewinnmaximierung. Bei der Preisstrategie sollten auch die Produktionskosten und die Marketingkosten berücksichtigt werden.

Der nächste Schritt ist die Entwicklung einer Werbestrategie. Dies beinhaltet die Erstellung eines Marketingplans, der beschreibt, wie das Unternehmen seinen Zielmarkt erreichen wird. Dazu gehören die Entwicklung einer Website, die Erstellungvon Werbekampagnen und die Nutzung sozialer Medien.

Der letzte Schritt ist die Entwicklung einer Vertriebsstrategie. Dies beinhaltet die Bestimmung des besten Weges, um das Produkt oder die Dienstleistung auf den Zielmarkt zu bringen. Dies kann die Nutzung eines Vertriebsnetzes, des Direktvertriebs oder einer Kombination aus beidem umfassen.

Die Entwicklung einer Marketingstrategie für die Geschäftsentwicklung ist ein komplexer Prozess, der Forschung, Planung und Umsetzung erfordert. Es ist wichtig, den Zielmarkt zu verstehen, ein einzigartiges Produkt oder eine einzigartige Dienstleistung zu entwickeln, die beste Preisstrategie zu bestimmen, eine Werbestrategie zu erstellen und eine Vertriebsstrategie zu entwickeln. Durch die Befolgung dieser Schritte stellen Unternehmen sicher, dass ihre Marketingstrategie effektiv ist.

KAPITEL SIEBEN

Entwicklung einer Werbestrategie

Eine Werbestrategie ist ein Aktionsplan, mit dem Unternehmen das Bewusstsein für ihre Produkte und Dienstleistungen steigern, Kundenbindung aufbauen und mehr Umsatz generieren. Es beinhaltet eine Kombination von Marketing-Taktiken wie Werbung, Öffentlichkeitsarbeit, Social Media und anderen Aktivitäten.

Die Auswirkungen einer Werbestrategie auf die Geschäftsentwicklung für kleine Unternehmen und Start-ups sind sehr wichtig, um Markenbekanntheit zu schaffen, neue Kunden zu gewinnen und den Umsatz zu steigern. Es hilft, Beziehungen zu bestehenden Kunden aufzubauen und einen positiven Ruf für das Unternehmen zu schaffen, um die Sichtbarkeit zu erhöhen und potenzielle Kunden zu erreichen, was zu mehr Umsatz führt. Es wird dazu beitragen, einen Wettbewerbsvorteil auf dem Markt zu schaffen unddas Unternehmen von seinen Wettbewerbern zu unterscheiden.

- **Identifizieren Sie Ihre Zielgruppe**: Der erste Schritt bei der Entwicklung einer Werbestrategie besteht darin, Ihre Zielgruppe zu identifizieren. Das bedeutet, zu verstehen, wer Ihre Kunden sind, was ihre Bedürfnisse und Wünsche sind und wie Siesie am besten erreichen können.

- **Setzen Sie Ziele und Ziele**: Sobald Sie Ihre Zielgruppe identifiziert haben, müssen Sie Ziele und Ziele für Ihre Werbestrategie festlegen. Dies wird Ihnen helfen, Ihre Bemühungen zu fokussieren und sicherzustellen, dass Sie auf ein klares Endziel hinarbeiten.

- **Wählen Sie die richtigen** Kanäle: Sobald Sie Ihre Zielgruppe identifiziert und Ziele festgelegt haben, müssen Sie entscheiden, welche Kanäle Sie verwenden, um sie zu erreichen. Dies kann soziale Medien, E-Mail, Print, Radio, Fernsehen oder jedes andere Medium umfassen.

- **Entwickeln Sie IhreBotschaft**: Sobald Sie die richtigen Kanäle ausgewählt haben, müssen Sie Ihre Botschaft entwickeln. Dies sollte auf Ihre Zielgruppe zugeschnitten sein und die Vorteile Ihres Produkts oder Ihrer Dienstleistung klar kommunizieren.

- **Ergebnisse verfolgen und messen**: Sie müssendie Ergebnisse Ihrer Werbestrategie verfolgen und messen.

Dies wird Ihnen helfen zu verstehen, was funktioniert und was nicht, also müssen Sie Ihre Strategie entsprechend anpassen.

Wenn Sie diese Schritte befolgen, entwickeln Sie eine effektive Werbestrategie, die Ihnen hilft, Ihre Geschäftsziele zu erreichen.

KAPITEL ACHT

Entwicklung einer Vertriebsstrategie

Vertriebsstrategien für die Geschäftsentwicklung sind Methoden, um Produkte und Dienstleistungen auf den Markt zu bringen. Diese Strategien können genutzt werden, um den Umsatz zu steigern, neue Kunden zu erreichen unddie Markenbekanntheit zu steigern.

- Direktvertrieb: Direktvertrieb ist, wenn ein Unternehmen seine Produkte direkt an Kunden verkauft. Dies geschieht über die eigene Website eines Unternehmens, Einzelhandelsgeschäfte oder über Websites von Drittanbietern wie Amazon.

- **Indirekter Vertrieb**: Indirekter Vertrieb ist, wenn ein Unternehmen einen Dritten zum Vertrieb seiner Produkte einsetzt Dies kann ein Großhändler, Distributor oder Einzelhändler sein.

- **Multi-Channel-Vertrieb**: Multi-Channel-Vertrieb ist, wenn ein Unternehmen mehrere Vertriebskanäle verwendet, um Kunden zu erreichen. Dies könnte eine Kombination aus direktem und indirektem Vertrieb sowie Online- und Offline-Kanälen umfassen.

- **Franchising:** Franchising ist, wenn ein Unternehmen anderen Unternehmen erlaubt, seinen Markennamen und seine Produkte zu verwenden. Dies ist ein intelligenter Weg, um ein Geschäft schnell zu erweitern und neue Märkte zu erreichen.

- **Lizenzierung**: Lizenzierung ist, wenn ein Unternehmen einem anderen Unternehmen das Recht gewährt, seine Produkte oder Dienstleistungen zu nutzen. Dies wird häufigverwendet, wenn ein Unternehmen in einen neuen Markt oder eine neue Branche expandieren möchte.

Um diese Strategien umzusetzen, sollten Unternehmen ihre Zielmärkte identifizieren und einen Plan entwickeln, um diese zu erreichen. Unternehmen sollten bei der Auswahl einer Vertriebsstrategie auch ihr Budget und ihre Ressourcen berücksichtigen . Unternehmen sollten ihre Vertriebskanäle überwachen, um sicherzustellen, dass sie die Bedürfnisse und Erwartungen der Kunden erfüllen.

KAPITEL NEUN

Vertriebsstrategien

Direktverkauf

Direktvertrieb ist eine Form des Marketings, bei der ein Unternehmen Produkte direkt an Verbraucher verkauft, in der Regel in ihren eigenen vier Wänden oder über Partys, anstatt über ein Einzelhandelsgeschäft. Direktvertrieb ist der beste Weg, um den Umsatz zu steigern und ein Geschäft auszubauen. Es ermöglicht Unternehmen, mehr potenzielle Kunden zu erreichen,Beziehungen zu Kunden aufzubauen und die Markenbekanntheit zu steigern. Es ermöglicht Unternehmen auch, die Gemeinkosten zu senken, die mit traditionellen Einzelhandelsgeschäften verbunden sind. Der Direktvertrieb hilft Unternehmen auch, ihren Kundenstamm zu vergrößern und treue Kunden zu gewinnen.

Direktvertrieb ist eine Art Geschäftsmodell, bei dem Waren und Dienstleistungen direkt an Verbraucher außerhalb eines festen Einzelhandelsstandorts verkauft werden. Es ist eine Geschäftsform, die es seit Jahrhunderten gibt und die auch heute noch beliebt ist. Direktverkauf ist oft mitTür-zu-Tür-Verkäufen verbunden, umfasst aber auch den Verkauf von Produkten über Kataloge, Parteien und online.

Der Direktvertrieb hat eine Reihe von Vorteilen für Unternehmen. Es ermöglicht Unternehmen, ein größeres Publikum zu erreichen, Beziehungen zu

Kunden aufzubauen und einen professionellen Service anzubieten. Es bietet auch die Möglichkeit, neue Produkte und Dienstleistungen zu testen, ohne in eine groß angelegte Marketingkampagne zu investieren.

Die Auswirkungen des Direktvertriebs auf das Geschäftswachstum sind erheblich. Es wird Unternehmen helfen, neue Kunden zu erreichen,den Umsatz zu steigern und Markentreue aufzubauen. Es hilft Unternehmen auch, die Kosten zu senken, die mit traditionellen Marketingbemühungen verbunden sind. Der Direktvertrieb hilft Unternehmen, wertvolle Kundeneinblicke zu gewinnen, die zur Verbesserung von Produkten und Dienstleistungen verwendet werden   können.

Direktvertrieb hilft beimAufbau von Kundenbeziehungen. Durch die direkte Interaktion mit Kunden können Unternehmen wertvolles Feedback und Erkenntnisse gewinnen, die zur Verbesserung von Produkten und Dienstleistungen verwendet werden können. Der Direktvertrieb hilft Unternehmen, Vertrauen bei Kunden aufzubauen, waszu mehr Umsatz und Kundenbindung führt.

Es ist wichtig, sich daran zu erinnern, dass der Direktvertrieb keine Einheitslösung ist und auf die Bedürfnisse des Unternehmens zugeschnitten sein sollte.

Online-Werbung

Online-Werbung ist eine Form des Marketings,die das Internet nutzt, um potenziellen Kunden Werbebotschaften zu übermitteln. Es umfasst eine

Vielzahl von Techniken wie Suchmaschinenoptimierung (SEO), Pay-per-Click (PPC) -Werbung, Display-Werbung und Social-Media-Marketing. Online-Werbung ist zu einem wesentlichen Bestandteil der Marketingstrategie eines erfolgreichen Unternehmens geworden.

Die Auswirkungen von Online-Werbung auf das Geschäftswachstum sind unbestreitbar. Es ermöglicht Unternehmen, ein viel breiteres Publikum zu erreichen als traditionelle Werbemethoden wie Fernsehen, Rado und Print. Online-Werbung ist viel kostengünstiger als herkömmliche Werbung, da sie weniger Ressourcen benötigt und auf bestimmte Zielgruppen ausgerichtet werden kann.

Online-Werbung hilft Unternehmen, die Markenbekanntheit zu steigern, Leads zu generieren und den Umsatz zu steigern. Es hilft Unternehmen auch, Beziehungen zu ihren Kunden aufzubauen und Loyalität zu schaffen. Online-Werbung hilft Unternehmen, den Erfolg ihrer Kampagnen zu verfolgen und zu messen, sodass sie fundierte Entscheidungen über ihre Marketingstrategien treffen können.

Online-Werbung hat auch das Potenzial, ein globales Publikum zu erreichen. Dies ist besonders vorteilhaft für Unternehmen, die internationale Kunden ansprechen. Online-Werbung wird verwendet, um bestimmte demografische Merkmale wie Alter, Geschlecht, Standort und Interessen anzusprechen. Dies ermöglicht es Unternehmen, ihre Botschaften auf die richtige Zielgruppe zuzuschneiden und ihren Return on Investment zu maximieren.

Online-Werbung ist ein unschätzbares Werkzeug für Unternehmen, die wachsen und erfolgreich sein wollen. Es ist kostengünstig, ermöglicht es Unternehmen, ein breiteres Publikum zu erreichen, und kann auf bestimmte demografische Merkmale zugeschnitten werden. Es hilft Unternehmen, den Erfolg ihrer Kampagnen zu verfolgen und zu messen, so dass sie fundierte Entscheidungen über ihre Marketingstrategien treffen können.

Social Media Marketing

Social Media Marketingist der Prozess der Nutzung von Social-Media-Plattformen, um ein Produkt oder eine Dienstleistung zu bewerben und zu vermarkten. Es ist ein leistungsstarkes Werkzeug für Unternehmen jeder Größe, um ihre Zielgruppe zu erreichen, Beziehungen aufzubauen und die Markenbekanntheit zu steigern.

Social Media Marketing hat einen erheblichenEinfluss auf das Unternehmenswachstum. Es hilft Unternehmen, ein breiteres Publikum zu erreichen, Beziehungen zu potenziellen Kunden aufzubauen und die Markenbekanntheit zu steigern. Es hilft Unternehmen auch, Leads zu generieren, den Website-Traffic zu erhöhen und den Umsatz zu steigern.

Social MeDia Marketing hilft Unternehmen, Beziehungen zu ihrer Zielgruppe aufzubauen. Dies geschieht durch die Interaktion mit Kunden, die

Beantwortung ihrer Fragen und Kommentare und die Bereitstellung hilfreicher Inhalte. Dies hilft, Vertrauen und Loyalität aufzubauen, was zu steigendenVerkäufen führt.

Social Media Marketing hilft Unternehmen auch, ihre Sichtbarkeit zu erhöhen. Durch regelmäßiges Posten in sozialen Medien stellen Unternehmen sicher, dass ihre Inhalte von einem breiteren Publikum gesehen werden. Dies trägt dazu bei, die Markenbekanntheit zu steigern und potenzielle Kunden zu erreichen,die das Geschäft sonst möglicherweise nicht gekannt hätten.

Social Media Marketing hat einen erheblichen Einfluss auf das Geschäftswachstum. Es hilft Unternehmen, ein breiteres Publikum zu erreichen, Beziehungen zu potenziellen Kunden aufzubauen und die Markenbekanntheit zu steigern. Es hilft Unternehmen, Leads zu generieren, den Website-Traffic zu erhöhen und den Umsatz zu steigern.

Punkte, die beim Social Media Marketing zu beachten sind

- **Entwickeln Sie eine Social-Media-Strategie**: Legen Sie Ziele fest, bestimmen Sie Zielgruppen und erstellen Sie einen Content-Plan.

- **Identifizieren Sie die richtigen Social-Media-Kanäle**: Wählen Sie die Kanäle, die am besten zu Ihrem Unternehmen und Ihrer Zielgruppe passen.

- **Erstellen Sie ansprechende Inhalte**: Posten Sie Inhalte, die interessant, relevant und teilbar sind.

- **Konversationen überwachen**: Überwachen Sie Unterhaltungen und antworten Sie auf Kommentare, Fragen und Beschwerden.

- **Interagieren Sie mit Influencern**: Identifizieren und interagieren Sie mit Influencern in Ihrer Branche, um Ihre Botschaft zu verbreiten.

- **Daten analysieren**: Verfolgen und analysieren Sie Daten, um den Erfolg Ihrer Social-Media-Kampagnen zu messen.

- **Verwenden SieVisualisierungen**: Verwenden Sie visuelle Elemente wie Bilder, Videos und Infografiken, um Ihre Inhalte ansprechender zu gestalten.

- **Automatisierung nutzen**: Automatisieren Sie bestimmte Aufgaben, um Zeit und Ressourcen zu sparen.

- **Werbung**: Verwenden Sie Social-Media-Werbung, um ein größeres Publikum zu erreichen und mehr Traffic auf Ihre Website zu lenken.

- **Angebotsanreize**: Bieten Sie Anreize wie Rabatte und Werbegeschenke an, um Menschen zu ermutigen, Ihrer Marke zu folgen und sich mit ihr zu beschäftigen.

- **Bewerben Sie nutzergenerierte Inhalte**: Ermutigen Sie Kunden, ihre Erfahrungen mit Ihrer Marke zu teilen und ihre Inhalte zu bewerben .

- **Nutzen Sie Social-Media-Tools**: Verwenden Sie Social-Media-Tools, um Ihre Kampagnen zu verwalten und zu messen.

- **Bleiben Sie up-to-date**: Bleiben Sie auf dem Laufenden über die neuesten Trends und Veränderungen in der Social-Media-Landschaft.

- **ROI messen**: Messen Sie den Return on Invest(ROI) Ihrer Social-Media-Kampagnen.

- **Überwachen Sie Wettbewerber**: Überwachen Sie die Social-Media-Aktivitäten Ihrer Mitbewerber, um immer einen Schritt voraus zu sein

Vernetzung

Networking ist eine entscheidende Komponente des Unternehmenswachstums. Es beinhaltet die Entwicklung von Beziehungen zu anderen Menschen und Organisationen, um Zugang zu Ressourcen, Kontakten und Möglichkeiten zu erhalten, die einem Unternehmen helfen, zu wachsen. Networking wird verwendet, um Beziehungen aufzubauen, die Sichtbarkeit zu erhöhen und Leads zu generieren. Es kann auch genutzt werden, um Zugang zu neuen Märkten zu erhalten, die Kundenbasis zu erweitern und strategische Partnerschaften aufzubauen.

Die Auswirkungen der Vernetzung auf das Unternehmenswachstum sind erheblich. Networking hilft Unternehmen, potenzielle Kunden, Partner und Lieferanten zu identifizieren. Es hilft auch, einen positiven Ruf zu schaffen und Vertrauen aufzubauen. Networking trägt auch dazu bei, Möglichkeiten für Kooperationen und Joint Ventures zu schaffen. Durch die Nutzung der Netzwerke anderer können Unternehmen Zugang zu neuen Ressourcen, Kontakten und Ideen erhalten, die Ihrem Unternehmen helfen, zu wachsen.

Networking hilft auch, Beziehungen zu wichtigen Stakeholdern wie Investoren, Kunden und Lieferanten aufzubauen. Durch die Entwicklung Ihrer Beziehungen zu diesen Stakeholdern erhalten Unternehmen Zugang zu wertvollen Ressourcen und Kontakten, die Ihrem Unternehmen helfen, zu wachsen. Networking trägt dazu bei, einen positiven Ruf für das Unternehmen zu schaffen, was zu mehr Kunden und mehr Umsatz führt.

Networking hilft, ein Gefühl von Gemeinschaft und Zusammenarbeit zu schaffen. Durch die Verbindung mit anderen Unternehmen und Einzelpersonen erhalten Unternehmen Zugang zu neuen Ideen, Ressourcen undKontakten. Vernetzung hilft, ein Gefühl der Kameradschaft und Unterstützung zu schaffen, was dazu beiträgt, Innovation und Kreativität zu fördern.

Messen

Eine Messe ist eine Veranstaltung, bei der Unternehmen einer bestimmten Branche zusammenkommen, um ihre Produkte und Dienstleistungen potenziellen Käufern zu präsentieren. Messen bieten Unternehmen die Möglichkeit, sich zu vernetzen, Beziehungen aufzubauen und ihre Sichtbarkeit auf dem Markt zu erhöhen. Sie ermöglichen es Unternehmen auch, ihre Produkte und Dienstleistungen einer großen Anzahl potenziellerKäufer an einem Ort zu demonstrieren.

Messen haben einen erheblichen Einfluss auf das Geschäftswachstum. Sie bieten Unternehmen die Möglichkeit, sich zu profilieren und Beziehungen zu potenziellen Kunden aufzubauen. Messen ermöglichen es Unternehmen auch, ihre Produkte und Dienstleistungen einer großen Anzahl potenzieller Käufer an einem Ort zu demonstrieren. Dies hilft, den Umsatz zu steigern und Leads zu generieren.

Messen bieten Unternehmen auch die Möglichkeit, sich mit anderen Branchenexperten zu vernetzen. Dies hilft, Beziehungen und Kooperationen aufzubauen, die zu einem erhöhten Geschäftswachstum führen. Messen liefern Unternehmen wertvolles Feedback von potenziellenKunden. Dieses Feedback wird verwendet, um Produkte und Dienstleistungen zu verbessern sowie neue Produkte und Dienstleistungen zu entwickeln.

Messen sind eine Möglichkeit für Unternehmen, sich zu profilieren, Beziehungen aufzubauen und ihre Sichtbarkeit auf dem Markt zu erhöhen. Darüber hinaus erhalten Unternehmenwertvolle Einblicke in die neuesten Trends und Entwicklungen in ihrer Branche sowie wertvolles Feedback von potenziellen Kunden. All diese Faktoren tragen dazu bei, das Geschäftswachstum voranzutreiben.

Kaltakquise

Kaltakquise ist eine Direktvertriebstechnik, bei der ein Verkäufer potenzielle Kunden telefonisch kontaktiert, um Verkäufe zu erzielen. Es ist eine Form des Direktmarketings und wird oft verwendet, um Leads zu generieren, Beziehungen aufzubauen und den Umsatz zu steigern. Kaltakquise ist eine schwierige und oft schwierigeAufgabe, aber es ist ein effektiver Weg, um potenzielle Kunden zu erreichen und Verkäufe zu generieren.

Kaltakquise ist eine effektive Möglichkeit, potenzielle Kunden zu erreichen und Beziehungen aufzubauen. Es ermöglicht Vertriebsmitarbeitern, ihre Produkte und Dienstleistungen einer breiteren Kühnheit vorzustellen und wird verwendet, um Leads zu generieren und Verkäufe abzuschließen. Kaltakquise ermöglicht es Vertriebsmitarbeitern auch, Beziehungen zu potenziellen Kunden aufzubauen und Vertrauen aufzubauen.

Kaltakquise kann jedoch ein schwieriger und zeitaufwändiger Prozess sein. Es erfordert ein gutes Verständnis ihres Produkts oder ihrer Dienstleistung und die Fähigkeit, ihre Botschaft effektiv zu kommunizieren. Es erfordert auch, dass Vertriebsmitarbeiter hartnäckig sind und in der Lage sind, mit Ablehnung umzugehen.

Die Auswirkungen von Kaltakquise auf das Unternehmenswachstum hängen davon ab, wie sie genutzt werden. Richtig eingesetzt, ist Kaltakquise ein effektiver Weg, um potenzielle Kunden zu erreichen und Umsatz zu generieren. Wenn es jedoch falsch verwendet wird, ist es eine Verschwendung von Zeit und Ressourcen.

E-Mail-Marketing

E-Mail-Marketing ist ein leistungsstarkes Werkzeug für Unternehmen, um ihre Zielkunden zu gewinnen undihre Produkte und Dienstleistungen zu bewerben. Es ist eine effektive Möglichkeit, Beziehungen zu Kunden aufzubauen, die Markenbekanntheit zu steigern und den Umsatz zu steigern. E-Mail-Marketing gibt es schon seit Jahrzehnten, aber es istin den letzten Jahren aufgrund des Aufstiegs des digitalen Marketings und der Verfügbarkeit leistungsstarker Tools zur Automatisierung und Personalisierung von Kampagnen immer beliebter geworden.

E-Mail-Marketing ist eine kostengünstige Möglichkeit, Kunden und Interessenten zu erreichen. Es ist auch sehr zielgerichtet und ermöglicht es Unternehmen, Nachrichten zur richtigen Zeit an die richtigen Personen zu senden. E-Mail-Marketing wird verwendet, um Leads zu pflegen, Beziehungen aufzubauen und den Umsatz zu steigern. Es kann auch verwendet werden, um neue Produkte zu bewerben, Sonderangebote anzukündigen und Kundenservice zu bieten.

Die Auswirkungen der E-Mail-Kommunikationauf das Unternehmenswachstum sind erheblich. Studien haben gezeigt, dass E-Mail-Marketing einen höheren Return on Investment (ROI) hat als andere Marketingkanäle wie Suchmaschinenoptimierung (SEO) und Social Media. E-Mail-Marketing hilft Unternehmen, ihren Umsatz zu steigern, indem sie mehr Verkäufe und Leads erzielen. Es hilft Unternehmen auch, Beziehungen zu Kunden aufzubauen, die Markenbekanntheit zu steigern und die Kundenbindung zu fördern.

E-Mail-Marketing ist ein leistungsstarkes Werkzeug für Unternehmen jeder Größe. Es ist eine effektive Möglichkeit, Kunden zu gewinnen, Beziehungen aufzubauen und den Umsatz zu steigern. Durch die Nutzung der Leistungsfähigkeit des E-Mail-Marketings steigern Unternehmen ihren Umsatz und bauen ihr Geschäft aus.

Affiliate-Marketing

Affiliate-Marketing ist eine Art von leistungsbasiertem Marketing, bei dem ein Unternehmen einen oder mehrere Affiliates für jeden Besucher oder Kunden belohnt, der durch die eigenen Marketingbemühungen des Affiliates gebracht wird. Es ist eine moderne Variante der Praxis, Finder's Fees für die Einführung neuer Kunden in ein Unternehmen zu zahlen.

Affiliate-Marketing ist zu einem beliebten Mittel für Unternehmen geworden, um ihre Reichweite zu erweitern und ihren Umsatz zu steigern. Es ist eine effektive Möglichkeit, Traffic auf eine Website zu lenken, Leads zu generieren und den Umsatz zu steigern. Es ist auch eine kostengünstige Möglichkeit, die Markenbekanntheit zu steigern und Beziehungen zupotenziellen Kunden aufzubauen.

Die Auswirkungen von Affiliate-Marketing auf das Geschäftswachstum sind erheblich. Es hilft Unternehmen, neue Kunden zu erreichen, ihren Umsatz zu steigern und Beziehungen zu ihren Kunden aufzubauen. Es hilft Unternehmen auch, ihre Sichtbarkeit zu erhöhen und ein größeres Publikum zu erreichen. Es hilft Unternehmen, ihre Gewinne zu steigern, indem sie ihre Marketingkosten senken.

Affiliate-Marketing ist eine Verbindung für Unternehmen, um ihren Umsatz zu steigern und ein größeres Publikum zu erreichen.

Empfehlungsprogramme

Ein Empfehlungsprogramm ist eineEmpfehlungsstrategie, die von Unternehmen verwendet wird, um Kunden zu ermutigen, neue Kunden an das Unternehmen zu verweisen. Empfehlungsprogramme sind in der Regel so strukturiert, dass Kunden eine Belohnung für die Vermittlung neuer Kunden erhalten. Diese Belohnung kann in Form von Rabatt, Bargeld oder anderen

Anreizen   erfolgen.

Die Auswirkungen von Empfehlungsprogrammen auf das Geschäftswachstum sind erheblich. Empfehlungsprogramme helfen Unternehmen, ihren Kundenstamm zu vergrößern, den Umsatz zu steigern und die Kundenbindung zu verbessern. Empfehlungsprogramme helfen Unternehmen auch, Beziehungen zu ihren Kunden aufzubauen, da Kunden ein Unternehmen eher an ihre Freunde und Familie verweisen, wenn sie positive Erfahrungen mit dem Geschäft gemacht haben.

Empfehlungsprogramme helfen Unternehmen auch, ihre Sichtbarkeit zu erhöhen, da Kunden, die ein Unternehmenan ihre Freunde und Familie verweisen, ihre Erfahrungen wahrscheinlich in sozialen Medien teilen. Dies hilft Unternehmen, ein breiteres Publikum zu erreichen und ihre Markenbekanntheit zu steigern.

Empfehlungsprogramme helfen Unternehmen, Vertrauen bei ihren Kunden aufzubauen, da Kundenwahrscheinlich einem Unternehmen vertrauen, das ihnen von jemandem empfohlen wurde, den sie kennen. Dieses Vertrauen kann zu einer erhöhten Kundenbindung führen, was zu mehr Umsatz und Geschäftswachstum führt.

Empfehlungsprogramme wirken sich positiv auf das Geschäftswachstum aus. Durch das Angebot von Belohnungen für Kunden für die Vermittlung neuer Kunden vergrößern Unternehmen ihren Kundenstamm, steigern den Umsatz und verbessern die Kundenbindung. Empfehlungsprogramme helfen Unternehmen, ihre Sichtbarkeit zu erhöhen, Beziehungen zu ihren Kunden aufzubauen und Vertrauen aufzubauen. All diese Faktoren tragen zu einem erhöhten Geschäftswachstum bei.

Öffentlichkeitsarbeit

Public Relations (PR) ist die Praxis, die Verbreitung von Informationen zwischen einer Person oder einer Organisation und der Öffentlichkeit zu verwalten. Es ist ein wichtiger Bestandteil der Marketingstrategie eines jeden Unternehmens, da es dazu beiträgt, ein positives Image in der Öffentlichkeit zu schaffen und Beziehungen zu den Interessengruppen aufzubauen.

Oberstes Ziel der Öffentlichkeitsarbeit ist es, ein positives Image in der Öffentlichkeit für ein Unternehmen oder eine Person zu gestalten und zu pflegen. Dies geschieht durch die Schaffung und Pflege von Beziehungen zu den Medien sowie durch die Erstellung und Verbreitung von Inhalten, die für das Unternehmen oder den Einzelnen günstig sind. PR-Profis arbeiten auch daran, Beziehungen zu wichtigen Stakeholdern wie Kunden, Investoren und Regierungsbeamten aufzubauen.

Öffentlichkeitsarbeit hat einen großen Einfluss auf das Wachstum eines Unternehmens. Ein positives Image in der Öffentlichkeit hilft, neue Kunden, Investoren und Partner zu gewinnen. Es hilft auch, Vertrauen zu bestehenden Kunden und Stakeholdern aufzubauen, was zu mehr Umsatz und Loyalität führen kann. Ein gutes Image in der Öffentlichkeit hilft, ein Unternehmen vor negativer Publicity zu schützen, was einen großen Einfluss auf die Reputation eines Unternehmens hat.

Öffentlichkeitsarbeit trägt auch dazu bei, die Sichtbarkeit und Reichweite eines Unternehmens zu erhöhen. PR-Profis helfen bei der Erstellung von Inhalten, die in sozialen Medien und anderen Plattformen geteilt werden, was dazu beiträgt, das Bewusstsein für die Produkte und Dienstleistungen eines Unternehmens zu schärfen. PR-Profis helfen, Beziehungen zu Influencern aufzubauen, die dazu beitragen, die Reichweite und Sichtbarkeit eines Unternehmens zu erhöhen.

Öffentlichkeitsarbeitist ein wichtiger Bestandteil der Marketingstrategie eines jeden Unternehmens. Es hilft, ein positives Image in der Öffentlichkeit zu schaffen, Beziehungen zu Stakeholdern aufzubauen und die Sichtbarkeit und Reichweite eines Unternehmens zu erhöhen. All diese Faktoren haben einen großen Einfluss auf die

Content Marketing

Content Marketing ist ein strategischer Marketingansatz, der sich auf die Erstellung und Verbreitung wertvoller, relevanter und konsistenter Inhalte konzentriert, um ein klar definiertes Publikum anzuziehen und zu binden – und letztendlich profitable Kundenaktionen

voranzutreiben.Content Marketing wird von Unternehmen aller Größen und Branchen eingesetzt, um Markenbekanntheit aufzubauen, Leads zu generieren und den Umsatz zu steigern. Es ist ein effektiver Weg, um Kunden zu erreichen und zu binden sowie sinnvolle Beziehungen zu ihnen aufzubauen.

Content Marketing ist ein wichtiger Bestandteil der gesamten Marketingstrategie eines jeden Unternehmens. Es hilft, ein positives Kundenerlebnis zu schaffen, Vertrauen aufzubauen und die Glaubwürdigkeit einer Marke zu etablieren. Es ermöglicht Unternehmen auch, ein breiteres Publikum zu erreichen und ihre Sichtbarkeit zu erhöhen.

Content-Marketing wirkt sich positiv auf das Geschäftswachstum aus, indem es dazu beiträgt, Leads zu generieren, den Website-Traffic zu erhöhen und den Umsatz zu steigern. Es hilft auch, Markentreue und Vertrauen aufzubauen, was zu Stammkunden und erhöhtem Customer Lifetime Value führt.

KohärentesMarketing trägt auch zur Verbesserung des Suchmaschinen-Rankings bei, da relevante und qualitativ hochwertige Inhalte dazu beitragen, das Ranking einer Website in den Suchmaschinenergebnissen zu verbessern. Dies führt zu erhöhtem Website-Traffic und mehr potenziellen Kunden.

Content-Marketinghilft auch, Beziehungen zu Kunden aufzubauen, da es Unternehmen ermöglicht, wertvolle Informationen bereitzustellen, die dazu beitragen, Kunden zu informieren und zu informieren. Dies hilft, Vertrauen und Loyalität aufzubauen, was zu mehr

Umsatz und Kundenbindung führt.

Content Marketingist ein leistungsstarkes Werkzeug für Unternehmen jeder Größe und in allen Branchen. Es hilft, Markenbekanntheit aufzubauen, Leads zu generieren und den Umsatz zu steigern. Es hilft auch, Suchmaschinen-Rankings zu verbessern, Beziehungen zu Kunden aufzubauen und die Kundenzufriedenheit zu erhöhen.

Influencer Marketing

Influencer Marketing ist eine Art von Marketing, die sich darauf konzentriert, wichtige Führungskräfte einzusetzen, um die Botschaft Ihrer Marke auf den größeren Markt zu bringen. Anstatt direkt an eine große Gruppe von Verbrauchern zu vermarkten, inspirieren / beeinflussen / stellen Sie Influencer ein, um das Wort für Sie zu bekommen. Influencer können jeder sein, von Prominenten bis hin zu alltäglichen Menschen mit einer großen Social-Media-Fangemeinde.

Die Auswirkungen von Influencer-Marketing auf das Geschäftswachstum sind erheblich. Es hat sich als eine der effektivstenFormen des Marketings erwiesen, mit einer durchschnittlichen Kapitalrendite von 6,50 US-Dollar für jeden ausgegebenen Dollar. Dies liegt daran, dass Influencer die Fähigkeit haben, schnell ein großes Publikum zu erreichen, und ihre Unterstützung eines Produkts oder einer Dienstleistung hat mehr Gewicht als traditionelleWerbung.

Darüber hinaus hilft Influencer-Marketing, Markenbekanntheit und Vertrauen aufzubauen.

Influencer haben die Fähigkeit, eine persönliche Verbindung zu ihren Followern aufzubauen, was dazu beiträgt, Loyalität und Vertrauen in eine Marke aufzubauen. Dies führte zu mehr Umsatz und Kundenbindung.

Influencer Marketing hilft Unternehmen, neue Zielgruppen zu erreichen. Durch die Partnerschaft mit Influencern können Unternehmen neue Märkte und demografische Merkmale erschließen, die ihren Produkten oder Dienstleistungen möglicherweise noch nicht ausgesetzt waren. Dies hilft Unternehmen, ihre Reichweite zu vergrößern und ihren Kundenstamm zu vergrößern.

Influencer Marketing ist ein effektives und leistungsstarkes Werkzeug für Unternehmen, die ihre Marke ausbauen und ihren Umsatz steigern möchten. Es hilft, Vertrauen und Loyalität aufzubauen, neue Zielgruppen zu erreichen und einen hohen Return on Investment zu generieren.

Suchmaschinenoptimierung

Suchmaschinenoptimierung (SEO) ist der Prozess der Optimierung einer Website oder Webseite, um ihre Sichtbarkeit in den Suchmaschinenergebnissen zu erhöhen. SEO hilft sicherzustellen, dass eine Website für eine Suchmaschine zugänglich ist und erhöht dieChancen, dass die Website von der Suchmaschine gefunden wird. SEO ist ein wichtiger Teil der Online-Präsenz eines jeden Unternehmens, da es hilft, organischen Traffic auf die Website zu lenken und zu mehr Umsatz und Markenbekanntheit führt.

SEO ist eine langfristige Strategie, bei der eine Website für bestimmte Schlüsselwörter und Phrasen optimiert wird, die für die Produkte oder Dienstleistungen des Unternehmens relevant sind. SEO beinhaltet die Optimierung des Inhalts, der Struktur und des Codes der Website, um sie für Suchmaschinen attraktiver zu machen. SEO beinhaltet auchden Aufbau von Links von anderen Websites zur Website sowie die Optimierung der Social-Media-Präsenz der Website.

Die Auswirkungen von SEO auf das Geschäftswachstum sind erheblich. SEO hilft, den organischen Traffic auf einer Website zu erhöhen, was zu mehr Umsatz undMarkenbekanntheit führt. SEO hilft auch, die Sichtbarkeit der Website in den Suchmaschinenergebnissen zu verbessern, was dazu führt, dass mehr Menschen die Website finden und sich mit dem Unternehmen beschäftigen. SEO trägt auch dazu bei, die Benutzerfreundlichkeit der Website zu verbessern, was zu einer erhöhten Kundenzufriedenheitund -loyalität führt.

SEO ist ein wichtiger Bestandteil der Online-Präsenz eines jeden Unternehmens und hat einen erheblichen Einfluss auf das Geschäftswachstum. SEO hilft, den organischen Traffic auf der Website zu erhöhen, die Sichtbarkeit der Website in den Suchmaschinenergebnissen zu verbessern und die Benutzerfreundlichkeit der Website zu verbessern. All diese Faktoren führen zu einer Steigerung des Umsatzes und der Markenbekanntheit, die zum Geschäftswachstum beitragen.

Mobile Werbung

Mobile Werbung ist eine Form des digitalen Marketings, die mobile Geräte verwendet, um potenzielle Kunden zu erreichen. Es ist eine schnell wachsende Form der Werbung, die verwendet wird, um Kunden auf verschiedene Arten anzusprechen, einschließlich standortbasiertem Targeting, kontextbezogenem Targeting und demografischem Targeting. Mobile Werbung wird verwendet, um Produkte, Dienstleistungen und Veranstaltungen zu bewerben,den Traffic auf Websites zu lenken und die Markenbekanntheit zu steigern.

Die Auswirkungen mobiler Werbung auf das Geschäftswachstum sind erheblich. Laut einer Studie werden die Ausgaben für mobile Werbung bis 2025 voraussichtlich 257,5 Milliarden US-Dollar erreichen, gegenüber 69,9 Milliarden US-Dollarim Jahr 2016. Dieses Wachstum wird durch die steigende Anzahl von Menschen angetrieben, die mobile Geräte für den Zugriff auf das Internet verwenden, sowie durch die zunehmende Anzahl von Menschen, die mobile Geräte für Einkäufe verwenden.

Mobile Werbung wird eingesetzt, um potenzielle Kunden auf vielfältige Weise zu erreichen. Beispielsweise kann standortbasiertes Targeting verwendet werden, um Kunden in einem bestimmten geografischen Gebiet anzusprechen. Kontextbezogenes Targeting wird verwendet, um Kunden basierend auf ihren Interessen oder ihrem Verhalten anzusprechen. Demografisches Targeting wird verwendet, um Kundenbasierend auf Alter,

Geschlecht oder anderen demografischen Merkmalen anzusprechen.

Mobile Werbung wird auch verwendet, um die Markenbekanntheit zu steigern. Durch die Nutzung der Leistungsfähigkeit mobiler Geräte erreichen Unternehmen potenzielle Kunden auf persönlichere und ansprechendere Weise. Mobile AdVertising wird auch verwendet, um den Traffic auf Websites zu lenken, App-Downloads zu erhöhen und Leads zu generieren.

Neben der Steigerung der Markenbekanntheit und der Steigerung des Traffics wird Mobile Advertising auch zur Umsatzsteigerung eingesetzt. Indem Kunden mit relevanten Anzeigen angesprochen werden, erhöhen Unternehmenihre Verkaufschancen. Mobile Werbung wird auch verwendet, um die Kundenbindung zu erhöhen, indem Kunden mit personalisierten Nachrichten und Angeboten angesprochen werden.

Print-Werbung

Printwerbung ist eine Form der Werbung, die physischgefilterte Medien wie Zeitschriften, Zeitungen und Direktwerbung verwendet, um eine Zielgruppe zu erreichen. Es ist eine der ältesten Werbeformen mit einer langen Erfolgsgeschichte. Printwerbung ist ein effektiver Weg, um ein großes Publikum zu erreichen und Unternehmen dabei zu helfen, ihre Reichweite zu vergrößern.

Printwerbung wird verwendet, um eine bestimmte Zielgruppe anzusprechen, z. B. eine bestimmte Altersgruppe oder ein bestimmtes geografisches

Gebiet. Es wird auch verwendet, um ein breites Publikum zu erreichen, z. B. einen nationalen oder globalen Markt. Printwerbung wird verwendet, um ein Produkt oder eine Dienstleistung zu bewerben, Markenbekanntheit zu schaffen und den Umsatz zu steigern. Es wird auch verwendet, um Beziehungen zu Kunden aufzubauen, die Kundenbindung zu erhöhen und ein positives Markenimage zu schaffen.

Printwerbung wird auf vielfältige Weise eingesetzt, um eine Zielgruppe zu erreichen. Es wird verwendet, um Direktmailing-Kampagnen zu erstellen, Anzeigen in Zeitungen und Zeitschriften zu schalten und Flyer zu verteilen. Es wird auch verwendet, um Werbetafeln, Plakate und andere Formen der Außenwerbung zu erstellen.

Printwerbung ist eine kostengünstige Möglichkeit, ein großes Publikum zu erreichen und Unternehmen dabei zu helfen, ihre Reichweite zu vergrößern und zu erweitern.

Radiowerbung

Radiowerbung ist ein leistungsstarkes Werkzeug für Unternehmen jeder Größe. Es ist ein effektiver Weg, um ein großes Publikum zu erreichen, und es wird verwendet, um bestimmte demografische Merkmale anzusprechen. Radiowerbung wird verwendet, um Markenbekanntheit zu schaffen, den Umsatz zu steigern und die Kundenbindung zu fördern.

Radiowerbung ist eine kostengünstige Möglichkeit, ein großes Publikum zu erreichen. Es ist relativ kostengünstig im Vergleich zu anderen Werbeformen wie Fernsehen oder Prinzipien. Radiowerbung kann auch auf bestimmte demografische Merkmale zugeschnitten werden, so dass Unternehmen ihre Botschaft an die richtigen Personen richten können.

Radiowerbung wird verwendet, um Markenbekanntheit zu schaffen. Es wird verwendet, um ein neues Produkt oder eine neue Dienstleistung der Öffentlichkeit vorzustellen oder Menschen an ein bestehendes Produkt oder eine bestehende Dienstleistung zu erinnern. Radiowerbung kann auch zur Umsatzsteigerung eingesetzt werden. Es wird verwendet, um einen Verkauf oder ein Sonderangebot zu bewerben oder um Menschen zum Kauf eines Produkts oder einer Dienstleistung zu ermutigen.

Radiowerbung kann auch genutzt werden, um die Kundenbindung zu fördern. Durch die Erstellung einer konsistenten Botschaft können Unternehmen eine Beziehung zu ihren Kunden aufbauen. Dies kann zu Stammkunden und Umsatzsteigerungen führen.

Radiowerbung kann auch verwendet werden, um eine Vielzahl von Zielgruppen zu erreichen. Es wird verwendet, um bestimmte Altersgruppen, Geschlechter oder geografische Gebiete anzusprechen. Dies ermöglicht es Unternehmen, ihre Botschaft auf die richtigen Personen zuzuschneiden.

Radiowerbung kann sich positiv auf das Geschäftswachstum auswirken. Es wird verwendet, um Markenbekanntheit zu schaffen, den Umsatz zu steigern und die Kundentreue zu fördern. Es ist eine kostengünstige Möglichkeit, ein großes Publikum zu erreichen, und es kann auf bestimmte demografische Merkmale zugeschnitten werden. Radiowerbung ist ein effektives Instrument für Unternehmen jeder Größe.

Fernsehwerbung

Fernsehwerbung ist eine der mächtigsten und effektivsten Werbeformen, die Unternehmen heute zur Verfügung stehen. Es hat das Potenzial, ein großes Publikum zu erreichen, Markenbekanntheit zu generieren und den Umsatz zu steigern. Fernsehwerbung wird verwendet, um bestimmte Zielgruppen anzusprechen, eine emotionale Verbindungzu den Zuschauern herzustellen und Markentreue aufzubauen.

Die Auswirkungen der Fernsehwerbung auf das Geschäftswachstum sind erheblich. Studien haben gezeigt, dass Fernsehwerbung die Markenbekanntheit und -bekanntheit steigern, eine emotionale Verbindung zu den Zuschauern herstellen undden Umsatz steigern kann. Es kann auch dazu beitragen, Markentreue aufzubauen, da die Zuschauer mit der Marke und ihren Produkten vertraut werden.

Fernsehwerbung kann auch verwendet werden, um bestimmte Zielgruppen anzusprechen. Unternehmen können demografische Daten verwenden, um festzustellen, welche Zuschauer am ehesten an ihren Produkten oder Dienstleistungen interessiert sind. Dies ermöglicht es ihnen, ihre Werbung auf diese Zuschauer zuzuschneiden, was die Wahrscheinlichkeit erhöht, dass sie auf die Anzeige reagieren.

Unternehmen können Musik, Visuals und Storytelling verwenden, um eine emotionaleReaktion bei den Zuschauern zu erzeugen. Dies kann dazu beitragen, eine emotionale Bindung zwischen dem Betrachter und der Marke herzustellen und die Wahrscheinlichkeit zu erhöhen, dass er sich an die Marke erinnert und ihre Produkte oder Dienstleistungen kauft.

Fernsehwerbung wird verwendet, um Markentreue aufzubauen. Unternehmenkönnen Fernsehwerbung nutzen, um eine dauerhafte Beziehung zu den Zuschauern aufzubauen. Dies kann das Angebot von Rabatten oder Werbeaktionen für Zuschauer umfassen, die die Anzeige ansehen, oder das Erstellen einer Reihe von Anzeigen, die eine Geschichte über die Marke erzählen. Dies kann dazu beitragen, eine gewisseLoyalität bei den Zuschauern zu schaffen und die Wahrscheinlichkeit zu erhöhen, dass sie weiterhin die Produkte oder Dienstleistungen der Marke kaufen.

Zusammenfassend lässt sich sagen, dass Fernsehwerbung einen erheblichen Einfluss auf das Geschäftswachstum haben kann. Es wird verwendet, um bestimmte Zielgruppen anzusprechen

Punkte, die bei Fernsehwerbung zu berücksichtigen sind.

- **Zielgruppe**: Identifizieren Sie die Zielgruppe für den Fernsehspot und passen Sie die Botschaft an ihre Bedürfnisse an.

- **Budget**: Bestimmen Sie ein realistisches Budget für den Fernsehspot und stellen Sie sicher, dass er in das gesamte Marketingbudget passt.

- **Timing**: Wählen Sie den besten Zeitpunkt für die Ausstrahlung der Anzeige, um maximale Reichweite und Wirkung zu erzielen.

- **Creative**: Entwickeln Sie ein kreatives Konzept für die Anzeige, das die Aufmerksamkeit der Zielgruppe auf sich zieht.

- **Skript**: Schreiben Sie ein Skript, das die Botschaft klar und prägnant vermittelt.

- **Produktion**: Beauftragen Sie eine professionelle Produktionsfirma mit der Produktion der Anzeige.

- **Voiceover**: Wählen Sie einen Sprecher, der das Skript zum Leben erweckt.

- **Musik**: Wählen Sie Musik, die die Anzeige verbessert und die gewünschte Stimmung erzeugt.

- **Visuals**: Wählen Sie Visuals aus, die helfen, die Botschaft zu kommunizieren.

- **Platzierung**: Entscheiden Sie, wo die Anzeige im Fernsehprogramm platziert wird.

- **Dauer**: Bestimmen Sie die Länge der Anzeige und stellen Sie sicher, dass sie in die vorgegebene Zeit passt.

- **Häufigkeit**: Entscheiden Sie, wie oft die Anzeige ausgestrahlt werden soll, um ihre Wirkung zu maximieren.

- **Tracking**: Implementieren Sie ein Tracking-System, um den Erfolg der Anzeige zu messen.

- **Auswertung**: Analysieren Sie die Ergebnisse der Anzeige und nehmen Sie bei Bedarf Anpassungen vor.

- **ROI**: Berechnen Sie den Return on Investment der Anzeige, um ihre Effektivität zu bestimmen.

- **Branding**: Nutzen Sie die Anzeige, um die Markenbekanntheit und -bekanntheit zu steigern.

- **Werbeaktionen**: Verwenden Sie die Anzeige, um Sonderangebote und Rabatte zu bewerben.

Fachpublikationen

Fachpublikationen, auch Fachzeitschriften genannt, sind Zeitschriften oderNewspa-Publikationen, die sich auf eine bestimmte Branche oder einen bestimmten Sektor wie Finanzen, Technologie oder Gesundheitswesen konzentrieren. Sie bieten Nachrichten, Analysen und Meinungen über die Branche sowie Informationen über neue Produkte und Dienstleistungen. Fachpublikationen werden häufig von Unternehmen genutzt, um über Branchentrends auf dem Laufenden zu bleiben und Einblicke in ihre Wettbewerber zu erhalten.

Fachpublikationen können einen erheblichen Einfluss auf das Geschäftswachstum haben. Sie liefern Unternehmen wertvolle Informationen über die Branche, wie z. B. Markttrends, neue Produkteund Dienstleistungen sowie neue Technologien. Diese Informationen können Unternehmen helfen, fundierte Entscheidungen über ihre Strategien und Abläufe zu treffen. Fachpublikationen können Unternehmen helfen, potenzielle Partner, Kunden und Lieferanten zu identifizieren.

Fachpublikationenkönnen auch verwendet werden, um für die Produkte und Dienstleistungen eines Unternehmens zu werben. Durch Werbung in Fachpublikationen können Unternehmen ihre Zielgruppe erreichen und ihre Sichtbarkeit erhöhen.

Unternehmen können Fachpublikationen nutzen, um Beziehungen zu Branchenführern und Influencern aufzubauen. Dies kann Unternehmen helfen, Glaubwürdigkeit aufzubauen und Zugang zu neuen Märkten zu erhalten.

Fachpublikationen können Unternehmen helfen, der Konkurrenz einen Schritt voraus zu sein. Durch das Lesen von Fachpublikationen können Unternehmen über Branchentrends auf dem Laufenden bleiben und Einblicke in die Strategien ihrer Wettbewerber erhalten. Dies kann Unternehmen helfen, der Konkurrenz einen Schritt voraus zu sein und sich für den Erfolg zu positionieren.

Außenwerbung

Außenwerbung ist eine Form der Werbung, die physische Strukturen verwendet, umProdukte, Dienstleistungen und Marken zu fördern. Es umfasst Werbetafeln, Schilder, Plakate, Banner und andere Formen der visuellen Kommunikation. Außenwerbung ist eine der ältesten Werbeformen und immer noch eine der effektivsten Möglichkeiten, ein großes Publikum zu erreichen.

Außenwerbung hat das Potenzial, in kurzer Zeit eine große Anzahl von Menschen zu erreichen. Es wird oft verwendet, um Markenbekanntheit zu schaffen und den Umsatz zu steigern. Es kann auch genutzt werden, um ein Gefühl der Dringlichkeit zu schaffen und die Menschen zu ermutigen, aktiv zu werden. Außenwerbung kann verwendet werden, um bestimmte Zielgruppen anzusprechen, z. B. solche in einem bestimmten geografischen Gebiet oder solche mit   bestimmten   Interessen.

Außenwerbung ist auch kostengünstig. Sie ist oft billiger als andere Werbeformen wie Fernsehenund Radio. Es ist auch flexibler, da es schnell und einfach gewechselt   werden   kann.

Außenwerbung kann sich positiv auf das Geschäftswachstum auswirken.

Punkte, die bei der Außenwerbung zu beachten sind.

- **Standort**: Die Auswahl des richtigen Standorts für Außenwerbung ist entscheidend für den Erfolg. Wählen Sie Standorte mit hohem Fußgängerverkehr und hoher Sichtbarkeit.

- **Timing**: Timing ist der Schlüssel, wenn es um Außenwerbung geht. Überlegen Sie, wann die Nutzer die Anzeige am wahrscheinlichsten sehen, und planen Sie entsprechend.

- **Design**: Stellen Sie sicher, dass Ihre Außenwerbung auffällig und einprägsam ist. Verwenden Sie helle Farben, fette Schriftarten und ein attraktives Design.

- **Zielgruppe**: Kennen Sie Ihre Zielgruppe und passen Sie Ihre Außenwerbung an sie an. Berücksichtigen Sie Alter,

Geschlecht, Interessen und andere demografische Informationen.

- **Kosten**: Außenwerbung kann teuer sein, also stellen Sie sicher, dass Sie ein Budget haben. Berücksichtigen Sie Ihren Return on Investment, wenn Sie entscheiden, wie viel Sie ausgeben möchten.

- **Messung**: Verfolgen Sie Ihre Außenwerbekampagnen, um ihre Wirksamkeit zu messen. Verwenden Sie Metriken wie Impressionen, Klicks und Conversions, um festzustellen, ob Ihre Kampagnen erfolgreich sind.

- **Vielfalt**: Probieren Sie verschiedene Arten von Außenwerbung aus, um verschiedene Zielgruppen zu erreichen. Betrachten Sie Werbetafeln, Bushaltestellen und andere Formen von Outdooder Werbung.

- **Häufigkeit**: Stellen Sie sicher, dass Ihre Außenwerbung oft gesehen wird. Erwägen Sie, mehrere Kampagnen in derselben Region durchzuführen, um die Sichtbarkeit zu erhöhen.

- **Konsistenz**: Halten Sie Ihre Außenwerbung konsistent mit Ihren anderen Marketingbemühungen. Verwenden Sie für alle Ihre Kampagnen dasselbe Branding, dasselbe Messaging und dieselben visuellen Elemente.

- **Social Media**: Nutzen Sie Social Media, um die Reichweite Ihrer Außenwerbung zu erhöhen. Verwenden Sie Hashtags, Links und andere Taktiken, um Menschen auf Ihre Website oder Social-Media-Konten zu lenken.

- **Integration**: Machen Sie Ihre Außenwerbung interaktiv, indem Sie QR-Codes, Augmented Reality oder andere interaktive Elemente hinzufügen.

Point-of-Sale-Werbung

Point-of-Sale-Werbung (POS) ist eine Art von Marketing, das verwendet wird, um Produkte und Dienstleistungen am Point of Sale zu bewerben. Es ist eine Form der In-Store-Werbung, die verwendet wird, um den Umsatz und die Markenbekanntheit zu steigern. POS-Werbung wird eingesetzt, um auf Produkte und Dienstleistungen aufmerksam zu machen und Kunden zum Kauf zu animieren.

POS-Werbung kann auf verschiedene Arten verwendet werden, einschließlich Displays, Plakate, Banner, Schilder und andere Materialien. Es kann auch in Kombination mit anderen Marketingtechniken wie Gutscheinen, Rabatten und Werbeaktionen verwendet werden.

POS-Werbung ist ein effektiver Weg, um Kunden auf

der Ebenedes Kaufs zu erreichen. Es wird verwendet, um den Umsatz zu steigern, indem Kunden an das Produkt oder die Dienstleistung erinnert werden, sowie um Markenbewusstsein zu schaffen. Es kann auch verwendet werden, um Kunden über Sonderangebote und Aktionen zu informieren.

POS-Werbung kann sich positiv auf das Geschäftswachstum auswirken. Es kann dazu beitragen, den Umsatz und die Markenbekanntheit zu steigern und einen positiven Eindruck des Unternehmens zu hinterlassen. Es kann auch dazu beitragen, die Kundenbindung zu erhöhen, da Kunden eher in ein Geschäft zurückkehren, wenn sie eine positive Erfahrung gemacht

haben.POS-Werbung kann eine kostengünstige Möglichkeit sein, Kunden zu erreichen. Es kann verwendet werden, um bestimmte Kunden anzusprechen, z. B. diejenigen, die wahrscheinlich ein bestimmtes Produkt oder eine bestimmte Dienstleistung kaufen werden. Es kann auch verwendet werden, um ein breiteres Publikum zu erreichen, z. B. diejenigen, die das Produkt oder die Dienstleistung möglicherweise nicht kennen.

POS-Werbung wird verwendet, um einen positiven Eindruck des Unternehmens zu erzeugen. Es wird verwendet, um Kunden zu zeigen, dass das Geschäft professionell und zuverlässig ist. Es kann auch verwendet werden, um ein Gefühl der Dringlichkeit zu erzeugen, da Kundeneher ein Produkt oder eine Dienstleistung kaufen, wenn sie sich fühlen.

KAPITEL ZEHN

Erstellen des Budgets und des Finanzplans

Die Erstellung eines Budget- und Finanzplans für ein neues Unternehmen ist ein wichtiger Schritt bei der Gründung eines Unternehmens. Es ist wichtig, ein klares Verständnis der finanziellen Ressourcen zu haben, die dem Unternehmen zur Verfügung stehen und wie sie verwendet werden.

Die Finanzplanung für ein neues Unternehmen ist ein wichtiger Schritt, um den Erfolg des Unternehmens sicherzustellen. Es geht darum, die aktuelle Finanzsituation zu analysieren, finanzielle Ziele festzulegen und Strategien zu entwickeln, um diese Ziele zu erreichen.

- **Analyse der aktuellen Finanzsituation:** Dies beinhaltet die Betrachtung der aktuellen finanziellen Situation des Unternehmens, einschließlich Cashflow, Einkommen, Ausgaben, Vermögenswerte, Verbindlichkeiten und Nettovermögen. Diese Analyse hilft Ihnen, potenzielle Probleme und Bereiche zu identifizieren, die verbessert werden müssen.

- **Finanzielle Ziele setzen**: Sobald Sie ein klares Verständnis der aktuellen finanziellen Situation haben, legen Sie finanzielle Ziele für das Geschäft fest. Diese Ziele sollten realistisch und erreichbar sein und kurz- und langfristige Ziele mit den finanziellen Zielen umfassen, die erreicht werden müssen.

- **Strategien entwickeln**: Nachdem Sie finanzielle Ziele festgelegt haben, müssen Sie Strategien entwickeln, um diese Ziele zu erreichen . Dies kann Budgetierung, Investitionen und Schuldenmanagement umfassen.

- **Überwachung des Fortschritts**: Sobald Sie Ihre finanziellen Ziele und Strategien festgelegt haben, müssen Sie den Fortschritt überwachen, um sicherzustellen, dass die Ziele erreicht werden. Dies kann erreicht werden, indem Einnahmen und Ausgaben verfolgt und mit den Zielen verglichen werden.

- **Analysieren Sie den Markt**: Der nächste Schritt besteht darin, den Markt zu analysieren. Wie groß ist der Markt? Wer sind die Wettbewerber? Was sind die Trends in der Branche?

- **Schätzung der Startkosten**: Sobald die Ziele und die Marktanalyseabgeschlossen sind, besteht der nächste Schritt darin, die Startkosten für das Unternehmen zu schätzen. Dazu gehören die Kosten für Ausrüstung, Verbrauchsmaterialien, Inventar und alle anderen Kosten, die mit der Inbetriebnahme des Unternehmens verbunden sind.

- **Schätzung der Betriebskosten**: Nachdemdie Anlaufkosten geschätzt wurden, ist der nächste Schritt die Schätzung der Betriebskosten. Dazu gehören die Kosten für Arbeit, Miete, Nebenkosten, Versicherungen, Werbung und andere Ausgaben, die mit dem Betrieb des Unternehmens verbunden sind.

- **Erstellen Sie ein Budget**: Sobald die Anlaufkosten und Betriebskosten geschätzt wurden, besteht der nächste Schritt darin, ein Budget zu erstellen. Dazu gehört das Festlegen eines Budgets für jede Ausgabenkategorie und das Erstellen eines Zeitplans, wann die Ausgaben anfallen.

- **Erstellen Sie einen Finanzplan**: Der letzte Schritt bei der Erstellung eines Budgets und eines Finanzplans für ein neues Unternehmen besteht darin, einen

Finanzplan zu erstellen. Dazu gehören die Erstellung einer Cashflow-Projektion, die Einrichtung eines Systems zur Verfolgung von Einnahmen und Ausgaben

Die Finanzplanung für ein neues Unternehmen ist ein wichtiger Schritt fürden Erfolg des Unternehmens. Durch die Analyse der aktuellen finanziellen Situation, die Festlegung finanzieller Ziele, die Entwicklung von Strategien zur Erreichung dieser Ziele und die Überwachung des Fortschritts können Sie sicherstellen, dass Ihr Unternehmen auf dem richtigen Weg ist.

KAPITEL ELF

Finanzierungund Kapital sichern

Die Sicherung von Finanzierung und Kapital für ein neues Unternehmen ist ein kritischer und oft herausfordernder Prozess. Es ist wichtig, die verschiedenen verfügbaren Finanzierungsquellen zu verstehen und eine umfassende Strategie zur Beschaffung des erforderlichenKapitals zu entwickeln.

Der erste Schritt zur Sicherung von Finanzierung und Kapital für ein neues Unternehmen besteht darin, die aktuelle finanzielle Situation zu beurteilen. Dazu gehört die Bewertung des aktuellen Cashflows, der Höhe der Verschuldung und der Höhe des Eigenkapitals. Es ist wichtig, die finanziellenBedürfnisse des Unternehmens zu verstehen und einen Plan für die Verwendung des Geldes zu entwickeln.

Sobald die finanzielle Situation bewertet ist, besteht der nächste Schritt darin, potenzielle Finanzierungs- und Kapitalquellen zu identifizieren. Zu diesen Quellen können traditionelle Kreditgeber wie Banken, Risikokapitalgeber, Angel-Investoren und staatliche Zuschüsse gehören. Es ist wichtig, die verschiedenen verfügbaren Optionen zu recherchieren und festzustellen, welche für das Unternehmen am besten geeignet   sind.

Sobald die Finanzierungs- und Kapitalquellen identifiziert sind, besteht der nächste Schritt darin, einen Finanzplan zu erstellen. Dieser Plan sollte detaillierte Informationen über die Geschäftskosten enthalten, einschließlich der angebotenen Produktkosten und Servicekosten, der Verfügbarkeit des Zielmarktes, der Wettbewerbslandschaft und der Finanzprojektionen. Dieser Plan sollte auch eine detaillierte Beschreibung der vorgeschlagenen Verwendung der Mittel und einen Zeitplan für die Verwendung der Mittel enthalten.

Sobald der Finanzplan erstellt wurde, besteht der nächste Schritt darin, den Plan potenziellen Investoren zu präsentieren. Dies kann dazu führen, dass der Plan Banken, Risikokapitalgebern, Angel-Investoren oder Regierungsbehörden vorgelegt wird. Es ist wichtig, bereit zu sein, alle auftretenden Fragen zu beantworten und detaillierte Informationen über das Geschäft und die vorgeschlagene Verwendung der Mittel bereitzustellen.

Sobald die Finanzierung und das Kapital gesichert sind, ist es wichtig, einen Plan zu entwickeln, wie das Geld verwendet wird.

Verschiedene Mittel und Wege zur Sicherung von Finanzierung und Kapital Crowdfunding

Crowdfunding ist eine Möglichkeit, Geld für ein Projekt oder ein Unternehmen zu sammeln, indem eine große Anzahl von Menschen gebeten wird, einen kleinen Geldbetrag beizusteuern. Dies geschieht in der Regel über eine Online-Plattform. Crowdfunding kann neuen Unternehmen helfen, indem es ihnen Zugangzu Kapital verschafft, auf das sie sonst möglicherweise keinen Zugang gehabt hätten. Es ermöglicht ihnen auch, den Markt für Ihr Produkt oder Ihre Dienstleistung zu testen und das Interesse daran zu messen. Es wird verwendet, um eine Gemeinschaft von Unterstützern rund um das Unternehmen aufzubauen, diefür Marketing und Werbung geeignet ist.

Angel Investoren

Angel-Investoren sind Einzelpersonen, die Start-ups Kapital im Austausch für Eigenkapital zur Verfügung stellen. Sie investieren in der Regel ihr eigenes Geld und sind in der Regel vermögende Privatpersonen. Angel-Investoren stellen Start-ups dringend benötigtes Kapital zur Verfügung, wenn traditionelle Finanzierungen nicht verfügbar sind. Sie bieten Ihnen auch wertvolle Ratschläge und Mentoring und helfen Ihnen, Ihr Unternehmen zu entwickeln und auszubauen. Angel-Investoren haben oft ein persönliches Interesse am Erfolg des Unternehmens undbieten unschätzbare Anleitungen, um dem Unternehmen zum Erfolg zu verhelfen.

Bankkredite

Bankkredite sind Mittel, die von einer Bank an ein Unternehmen oder eine Einzelperson verliehen werden. Sie werden in der Regel zur Finanzierung großer Anschaffungen oder Investitionen verwendet, z. B. zum Kauf eines neuen Gebäudes, zum Kauf von Ausrüstungoder zur Erweiterung eines Unternehmens. Bankkredite sind in der Regel durch

Sicherheiten wie das Vermögen eines Unternehmens oder ein Eigenheim gesichert.

Bankkredite können eine gute Option für Ihre Unternehmen sein, um das Kapital zu erhalten, das für den Einstieg benötigt wird. Durch die Aufnahme eines Darlehens können Sie die Ausrüstung, Vorräte und andere Ressourcen erwerben, die Sie benötigen, um Ihr Unternehmen zum Laufen zu bringen. Bankkredite können verwendet werden, um die Expansion eines bestehenden Unternehmens zu finanzieren, so dass es wachsen und seine Gewinne steigern kann.

Bankdarlehen können neuen Unternehmen helfen, indem sie ihnen Zugang zu Kapital verschaffen, das für den Kauf von Ausrüstung, die Einstellung von Mitarbeitern und die Deckung der Betriebskosten verwendet wird . Bankkredite können Unternehmen auch die Möglichkeit bieten, eine Kredithistorie aufzubauen, was für zukünftige Finanzierungen von Vorteil ist. Bankkredite bietenUnternehmen die Flexibilität, das Darlehen über einen längeren Zeitraum zurückzuzahlen, so dass Sie sich auf das Wachstum Ihres Unternehmens konzentrieren können.

Risikokapital

Risikokapitalgeber sind Investoren, die Start-up-Unternehmen und kleinen Unternehmen, denen langfristiges Wachstumspotenzial zugeschrieben wird, Kapital zur Verfügung stellen. Risikokapitalgeber können neuen Unternehmen helfen, indem sie Kapital zur Verfügung stellen, um ihnen beim Wachstum zu helfen, sowie Ratschläge und Anleitungen zur optimalen Verwendung der Mittel anbieten. Sie können auch beim Networking und bei der Vorstellung potenzieller Partner und Kunden helfen.

Risikokapitalgeber sind Investoren, die Unternehmen Kapital im Austausch für Eigenkapital zur Verfügung stellen. Sie sind in der Regel vermögende Privatpersonen, Wertpapierfirmen oder Banken, die sich auf die Bereitstellung von Kapital für Unternehmen in der Frühphase spezialisiert haben. Risikokapitalgeber investieren in der Regel in Unternehmen, die das Potenzial haben, schnell zu wachsen und hohe Renditen zu erzielen.

Risikokapitalgeber können neuen Unternehmen das Kapital zur Verfügung stellen, das sie benötigen, um auf den Weg zu kommen und zu wachsen. Sie können Unternehmern auch wertvolle Ratschläge und Mentoring geben und ihnen helfen, die richtigen Entscheidungen zu treffen und die Komplexität der Start-up-Welt zu meistern. Risikokapitalgeber können auch neuen Unternehmen helfen, zusätzliche Finanzmittel zu erhalten, z. B. vonAngelgebern oder anderen Risikokapitalgesellschaften.

Risikokapitalgeber suchen in der Regel nach Unternehmen, die über ein starkes Managementteam, einen klaren Geschäftsplan und ein Produkt oder eine Dienstleistung verfügen, die das Potenzial haben, schnell zu skalieren. Sie suchen auch nach Unternehmen, die nichtdas Potenzial haben, hohe Renditen für ihre Investitionen zu erzielen.

Risikokapitalgeber können eine großartige Finanzierungs- und Beratungsquelle für neue

Unternehmen sein. Es ist jedoch wichtig, sich daran zu erinnern, dass Risikokapitalgeber eine Rendite für ihre Investitionen anstreben, so dass Sie bereit sein sollten, einen Teil Ihres Unternehmens im Austausch für das erhaltene Kapital aufzugeben.

Zuschüsse für kleine Unternehmen

Zuschüsse für kleine Unternehmen sind Mittel, die von staatlichen oder privaten Organisationen bereitgestellt werden, um neuen Unternehmen den Start zu erleichtern. Diese-Zuschüsse können Kapital zur Deckung von Startkosten, Kauf von Ausrüstung, Einstellung von Mitarbeitern und mehr bereitstellen. Zuschüsse können zur Deckung einer Vielzahl von Ausgaben verwendet werden, einschließlich Marketing-, Forschungs- und Entwicklungskosten sowie Betriebskosten. Zuschüsse können auch verwendet werden, um Unternehmen bei der Expansion oder Diversifizierung ihrer Geschäftstätigkeit zu unterstützen. Zuschüsse sind eine Gelegenheit für neue Unternehmen, das Kapital zu erhalten, das sie benötigen, um auf den Weg zu kommen und erfolgreich zu werden.

Zuschüsse für kleine Unternehmen helfen neuen Unternehmen, auf den Weg zu kommen. Zuschüsse können viel Geld bereitstellen, um Unternehmern bei der Gründung ihres Unternehmens zu helfen und die Kosten für den Start zu decken. Zuschüsse können auch verwendet werden, um Unternehmen dabei zu helfen, ihre Geschäftstätigkeit zu erweitern, neue Geräte zu kaufen, neue Mitarbeiter einzustellen und vieles mehr.

Der erste Schritt bei der Beantragung eines Zuschusses

für kleine Unternehmen besteht darin, festzustellen, welche Zuschüsse verfügbar sind. Es gibt eine Vielzahl von Zuschüssen, von zentralen und staatlichen Zuschüssen bis hin zu privaten Zuschüssen von Stiftungen und anderen Organisationen. Es ist wichtig, die verschiedenen Arten von Zuschüssen zu untersuchenund festzustellen, welche für Ihr Unternehmen am besten geeignet sind.

Sobald Sie die verfügbaren Zuschüsse identifiziert haben, müssen Sie einen Antrag ausfüllen. Der Antragsprozess kann je nach Zuschuss variieren, erfordert jedoch in der Regel einen detailliertenGeschäftsplan, Jahresabschlüsse und andere Belege. Es ist wichtig, beim Ausfüllen des Antrags gründlich und genau zu sein, um Ihre Chancen auf den Zuschuss zu maximieren.

Sobald der Antrag eingereicht wurde, kann der Förderprüfungsprozess mehrere Wochen oder Monate dauern. Während dieser Zeit prüft der Prüfungsausschuss den Antrag und entscheidet darüber, ob der Zuschuss gewährt wird oder nicht. Wenn der Zuschuss gewährt wird, werden die Mittel an das Unternehmen verteilt und für den angegebenen Zweck verwendet.

Zuschüsse für kleine Unternehmen helfen, ein neues Unternehmen auf den Weg zu bringen. Sie können das notwendige Kapital bereitstellen, um die Anlaufkosten zu decken, neue Geräte zu kaufen, neue Mitarbeiter einzustellen und vieles mehr. Es ist wichtig, die verschiedenen Arten von Zuschüssen zu recherchieren und einen gründlichen und genauen Antrag auszufüllen, um Ihre Chancen auf die Gewährung des Stipendiums zu maximieren.

Familie und Freunde

Familie und Freunde sind eine großartige Quelle der Unterstützung für neue Unternehmen. Sie könnenemotionale und finanzielle Unterstützung sowie praktische Beratung und Hilfe bieten. Hier sind einige der Möglichkeiten, wie Familie und Freunde neuen Unternehmen helfen können:

- **Finanzielle Unterstützung**: Familie und Freunde können neue Unternehmen finanziell unterstützen, entweder durch Direktinvestitionen oder Kredite. Dies ist eine gute Unterstützung, um das Geschäft auf den Weg zu bringen, da es das notwendige Kapital für den Start bereitstellen kann.

- **Emotionale und moralische Unterstützung**: Die Gründung eines Unternehmens ist ein stressiger und herausfordernder Prozess. Familie und Freunde zu haben, auf die man sich stützen kann, kann die emotionale Unterstützung fördern, die benötigt wird, um schwierige Zeiten zu überstehen. Familie und Freunde können die Unterstützung bieten, die erforderlich ist, um dem Geschäftsinhaber zu helfen, motiviert zu bleiben und sich auf die anstehende Aufgabe zu konzentrieren.

- **Praktische Ratschläge**: Familie und Freunde können wertvolle Ratschläge und Anleitungen geben, wie man ein Unternehmen gründet und führt. Sie haben vielleicht Erfahrung in der Branche oder kennen jemanden, der wertvolle Einblicke in den Prozess gibt und geben kann.

- **Networking**: Familie und Freunde können dazu beitragen, das Netzwerk des Unternehmens zu erweitern, indem sie sie potenziellen Kunden, Lieferanten und Partnern vorstellen. Dies wird dazu beitragen, das Geschäft auf den Weg zu bringen und seine Reichweite zu erhöhen.

- **Werbung**: Familie und Freunde können helfen, das Geschäft zu fördern, indem sie das Wort darüber in ihrem eigenen Netzwerk verbreiten. Dies ist eine gute Methode, um das Unternehmen auf sich aufmerksam zu machen und seinen Kundenstamm zu vergrößern.

- **Startkapital**: Familie und Freunde können das Anfangskapital bereitstellen, das benötigt wird, um ein Unternehmen auf den Weg zu bringen. Dies geschieht durch ein Darlehen oder eine Investition im Austausch für Eigenkapital im Unternehmen.

- **Mentoring**: Familie und Freunde können unschätzbare Ratschläge und Anleitungen geben, um dem Geschäftsinhaber zu helfen, fundierte Entscheidungen zu treffen.

- **Werbung**: Familie und Freunde können dazu beitragen, das Geschäft bekannt zu machen, indem sie mit ihren eigenen Kontakten und sozialenAnhängern darüber sprechen.

- **Kostenlose Dienstleistungen**: Familie und Freunde können ihre Dienste kostenlos oder zu einem ermäßigten Preis anbieten, um dem Unternehmen den Einstieg zu erleichtern . Dies kann Buchhaltungs-, Rechts-, Marketing- oder Webdesign-Dienstleistungen umfassen.

- **Crowdfunding**: Familie und Freunde können dem Geschäftsinhaber helfen, Geld über Crowdfunding-Plattformen zu sammeln.

- **Angel-Investoren**: Familie und Freunde können das Unternehmen Angel-Investoren vorstellen, die größere Kapitalbeträge im Austausch für

Eigenkapital im Unternehmen
bereitstellen können.

Familie und Freunde können großartige Quellen der
Unterstützung für neue Unternehmen sein. Sie können
finanzielle, emotionale und praktische Unterstützung
leisten sowie dazu beitragen, das Netzwerk des
Unternehmens zu erweitern und in ihren eigenen
Netzwerken zu fördern.

Business-Kreditkarten

Geschäftskreditkarten sind eine Art von Kreditkarte,
die speziell auf die Bedürfnisse von Unternehmen
zugeschnitten ist. Sie sollen Unternehmen helfen,
ihren Cashflow zu verwalten, Einkäufe zu tätigen und
Ausgaben zu verfolgen. Business-Kreditkarten bieten
eine Vielzahl von Vorteilen, darunter Belohnungen,
Cashback und andere Vorteile.

Business-Kreditkarten können Unternehmen auf
vielfältige Weise helfen. Sie können Unternehmen
helfen, ihren Cashflow zu verwalten, indem sie bei
Bedarf Zugang zu Finanzmitteln bieten. Unternehmen
können die Karten verwenden, um Einkäufe zu
tätigen, Dienstleistungen zu bezahlen und andere
Ausgaben zu decken. Business-Kreditkarten helfen
Unternehmen auch, Ausgaben zu verfolgen, was die
Verwaltung der Finanzen erleichtert.

Business-Kreditkarten können Unternehmen auch
helfen, ihr Guthaben aufzubauen. Unternehmen
können die Karten verwenden, um eine Kredithistorie
zu erstellen und eine gute Kreditwürdigkeit

aufzubauen. Dies ist vorteilhaft bei der Beantragung von Krediten oder anderen Finanzierungen.

Business-Kreditkarten können Unternehmen auch Belohnungen und Cashback bieten. Viele Geschäftskreditkarten bieten Belohnungsprogramme wie Punkte oder Cashback, die zum Kauf von Artikeln oder Dienstleistungen verwendet werden. Dies kann Unternehmen helfen, Geld zu sparen und ihr Endergebnis zu steigern.

Business-Kreditkarten können Unternehmen auch bei Startkosten helfen. Viele Geschäftskreditkarten bieten niedrige Einführungsraten und andere Anreize, wie z. B. keine Jahresgebühren, die Unternehmen den Einstieg erleichtern können. Dies kann Unternehmen helfen, Geld zu sparen und ihre Startkosten zu senken.

Business-Kreditkarten können ein großartiges Werkzeug für Unternehmen jeder Größe sein. Sie können Unternehmen helfen, ihren Cashflow zu verwalten, Einkäufe zu tätigen und Ausgaben zu verfolgen. Sie können Unternehmen auch helfen, ihren Kredit aufzubauen und Geld mit Belohnungen und Cashback zu sparen. Business-Kreditkarten können im Allgemeinen gut sein, um Unternehmen beim Einstieg und Wachstum zu unterstützen.

Gründerzentren

Ein Gründerzentrum ist ein Programm, das neue und Start-up-Unternehmen bei der Entwicklung unterstützen soll, indem es Dienstleistungen wie Managementtraining, Zugang zu Finanzierungen und Büroräumen anbietet. Gründerzentren werden in der

Regel von Universitäten, Wirtschaftsförderungsorganisationen oder Regierungsbehörden gesponsert. Das Ziel eines Gründerzentrums ist es, Unternehmern bei der Gründung und dem Wachstum ihrer Unternehmen zu helfen und Arbeitsplätze und wirtschaftliche Entwicklung in der lokalen Gemeinschaft zu schaffen.

Gründerzentren bieten eine Reihe von Dienstleistungen an, um Unternehmern bei der Gründung und dem Wachstum ihres Unternehmens zu helfen. Diese Dienstleistungen können Folgendes umfassen:

- **Management-Training**: Business-Inkubatoren bieten Schulungen zu Themen wie Geschäftsplanung, Marketing, Rechnungswesen und Rechtsfragen.

- **Zugang zu Finanzierung**: Gründerzentren können Unternehmern helfen, Zugang zu Finanzmitteln von Risikokapitalisten, Angel-Investoren und anderen Quellen zu erhalten.

- **Büroräume**: Gründerzentren bieten Büroräume, die Unternehmer nutzen können, während sie ihr Unternehmen gründen und ausbauen.

- **Mentoring**: Gründerzentren bieten Mentoring und Beratung durch erfahrene Unternehmer und Geschäftsleute.

- **Networking**: Gründerzentren können Unternehmern helfen, sich mit anderen Unternehmern, Investoren und potenziellen Kunden zu vernetzen.

- **Technologie**: Gründerzentren können Zugang zu den neuesten Technologien und Ressourcen bieten, um Unternehmern bei der Gründung und dem Wachstum ihres Unternehmens zu helfen.

Gründerzentren können eine großartige Ressource für Unternehmer sein, die ihr Unternehmen gründen und ausbauen. Sie bieten Zugang zu Ressourcen, Schulungen und Mentoring, die Unternehmern zum Erfolg verhelfen können. Gründerzentren können dazu beitragen, Arbeitsplätze und wirtschaftliche Entwicklung in der lokalen Gemeinschaft zu schaffen.

Business-Wettbewerbe

Unternehmenswettbewerbe sind Veranstaltungen, die Unternehmer herausfordern, innovative und kreative Lösungen für realeGeschäftsprobleme zu entwickeln. Wettbewerbe sollen Unternehmer ermutigen, über den Tellerrand hinauszuschauen, neue Ideen zu entwickeln und ihre unternehmerischen Fähigkeiten zu entwickeln.

Unternehmenswettbewerbe bieten Unternehmern eine

Plattform, um ihre Fähigkeiten zu präsentieren, sich mit potenziellen Investoren zu vernetzen und wertvolles Feedback von Experten zu erhalten. Wettbewerbe bieten auch eine großartige Gelegenheit für Unternehmer, Bekanntheit und Anerkennung für ihre Geschäftsideen zu erlangen.

Unternehmenswettbewerbe können Start-ups auf vielfältige Weise helfen. Erstens schaffen sieeine Plattform für Unternehmer, um ihre Fähigkeiten zu üben und ihre Geschäftsideen zu entwickeln. Wettbewerbe bieten auch eine großartige Gelegenheit für Unternehmer, sich mit potenziellen Investoren zu vernetzen und wertvolles Feedback von Experten zu erhalten.

Darüber hinauskönnen Unternehmenswettbewerbe Start-ups Zugang zu Finanzmitteln und Ressourcen verschaffen. Viele Wettbewerbe bieten Preise wie Geld, Mentoring und Zugang zu Inkubatoren und Beschleunigern. Diese Ressourcen sind von unschätzbarem Wert für Start-ups, die ihr Geschäft auf den Weg bringen wollen.

Unternehmenswettbewerbe können Start-ups helfen, Anerkennung und Bekanntheit zu erlangen. Einen Wettbewerb zu gewinnen ist sehr schon, um Ihr Unternehmen bekannt zu machen und potenzielle Investoren anzuziehen. Wettbewerbe können auch eine großartige Plattform für Unternehmer bieten, um ihre Fähigkeiten und Ideen einem breiteren Publikum zu präsentieren.

Business-Wettbewerbe helfen Start-ups, Bekanntheit, Ressourcen und Anerkennung zu gewinnen. Wettbewerbe können Unternehmern die Möglichkeit bieten, ihre Fähigkeiten zu üben, sich mit potenziellen Investoren zu vernetzen undwertvolles Feedback von Experten zu erhalten. Letztendlich sind Business-Wettbewerbe großartig für Start-ups, um ihr Geschäft auf den Weg zu bringen.

Mikrokredite

Mikrokredite sind Kleinkredite, die in der Regel zwischen 500 und 50.000 US-Dollar liegen und Unternehmern und Kleinunternehmern den Zugang zu Kapital erleichtern sollen, um ihr Unternehmen zu gründen oder zu erweitern. Diese Darlehen werden in der Regel von gemeinnützigen Organisationen, Regierungsprogrammen oder spezialisierten Mikrokreditgebern bereitgestellt.

Mikrokredite sind für Unternehmer und Kleinunternehmer von Vorteil, dasie Zugang zu Kapital bieten, das durch traditionelle Bankkredite möglicherweise nicht verfügbar ist. Mikrokredite sind oft leichter zu erhalten als herkömmliche Kredite, und sie haben oft flexiblere Rückzahlungsbedingungen. Mikrokredite könnenUnternehmern, die möglicherweise nicht über die Kreditwürdigkeit oder Sicherheiten verfügen, die zur Sicherung eines traditionellen Darlehens erforderlich sind, Zugang zu Kapital verschaffen.

Mikrokredite können für eine Vielzahl von Zwecken verwendet werden, einschließlich des Kaufs von Ausrüstung, der Einstellung von Mitarbeitern, der

Einführung einer Marketingkampagne oder der Expansion in neue Märkte. Diese Darlehen können auch zur Deckung der Kosten für die Gründung eines Unternehmens verwendet werden, z. B. Lizenzgebühren, Anwaltskosten und Geschäftsplanentwicklung.

Mikrokredite können eine gute Quelle für Unternehmer und Kleinunternehmer sein, um Zugang zu Kapital zu erhalten, um ihre Unternehmen zu gründen oder zu erweitern. Diese Kredite können Zugang zu Kapital bieten, das durch traditionelle Bankkredite möglicherweise nicht verfügbar ist, und sie haben oft flexiblere Rückzahlungsbedingungen. Mikrokredite können Unternehmern, die möglicherweise nicht über die Kredite oder Sicherheiten verfügen, die zur Sicherung eines traditionellen Darlehens erforderlich sind, Zugang zu Kapital verschaffen.

Persönliche Ersparnisse

Persönliche Ersparnisse sind ein wichtiger Bestandteil jeder Geschäftsentwicklung und Start-up. Ein gesundes Sparkonto kann Unternehmern helfen, die Kosten für die Gründung eines Unternehmens zu decken undein Polster für unerwartete Ausgaben zu bieten Ersparnisse können auch verwendet werden, um in das Unternehmen zu investieren, so dass Unternehmer Chancen nutzen können, die sich ergeben können.

Der erste Schritt bei der Verwendung persönlicher Ersparnisse zur Entwicklung eines Unternehmens besteht darin,ein Budget zu erstellen. Dieses Budget sollte alle notwendigen Ausgaben im Zusammenhang mit der Gründung des Unternehmens enthalten, wie Miete, Nebenkosten und Vorräte. Sobald das Budget erstellt ist, sollte der Unternehmer jeden Monat einen Teil seines Einkommens beiseite legen, um Einsparungen zu erzielen. Dies wird dazu beitragen, dass genügend Geld zur Verfügung steht, um die Kosten für die Gründung des Unternehmens zu decken.

Sobald das Unternehmen in Betrieb ist, sollte der Unternehmer weiterhin einen Teil seines Einkommens sparen. Dieses Geld wird verwendet, um in das Geschäft zu investieren, z. B. neue Ausrüstung zu kaufen oder zusätzliches Personal einzustellen. Es kann auch verwendet werden, um unerwartete Ausgaben wie Reparaturen oder unerwartete Kosten zu decken.

Ein gesundes Sparkonto kann Unternehmern auch Zugang zu Kapital verschaffen. Dieses Kapital wird verwendet, um das Geschäft zu erweitern, so dass der Unternehmer neue Möglichkeiten nutzen kann. Es kann auch als Sicherheit für Kredite verwendet werden, so dass der Unternehmer bei Bedarf auf zusätzliche Mittel zugreifen kann.

Ein gesundes Sparkonto kannUnternehmern Sicherheit geben. Zu wissen, dass Geld für unerwartete Ausgaben beiseite gelegt wird, kann dazu beitragen, Stress abzubauen und es Unternehmern zu ermöglichen, sich auf das Wachstum ihres Unternehmens zu konzentrieren.

Persönliche Ersparnisse sind ein wesentlicher Bestandteil Ihrer Unternehmensentwicklungund Start-up. Indem Sie ein Budget erstellen und jeden Monat einen Teil Ihres Einkommens beiseite legen, können Sie sicherstellen, dass Sie über ausreichende Liquidität verfügen, damit Ihr Unternehmen starten kann.

Staatliche Zuschüsse

Staatliche Zuschüsse sind eine Form der finanziellen Unterstützung,die von der Regierung zur Unterstützung der Unternehmensentwicklung bereitgestellt wird. Zuschüsse werden in der Regel an Unternehmen vergeben, die einen Bedarf an den Mitteln und eine Verpflichtung zur Verwendung für den beabsichtigten Zweck nachweisen.

Staatliche Zuschüsse werden für eine Vielzahl von Zwecken verwendet, einschließlich Forschung und Entwicklung, Kapitalinvestitionen, Marketing und Ausbildung. Zuschüsse können auch verwendet werden, um Unternehmen bei der Expansion in neue Märkte zu unterstützen, zusätzliches Personal einzustellen oder neue Ausrüstung zu kaufen.

Staatliche Zuschüsse werden in der Regel im Rahmen eines Wettbewerbsverfahrens vergeben. Die Unternehmenmüssen einen Antrag stellen, in dem ihr Projekt, die Höhe der beantragten Mittel und die Verwendung der Mittel dargelegt sind. Die Anträge werden dann von einem Expertengremium geprüft, das das Erfolgspotenzial des Projekts bewertet.

Staatliche Zuschüsse können Unternehmen mit den

finanziellen Ressourcen versorgen, die sie benötigen, um auf den Weg zu kommen und zu wachsen. Zuschüsse können Unternehmen helfen, die Kosten für Forschung und Entwicklung, Kapitalinvestitionen und Marketing zu decken. Zuschüsse können Unternehmen auch helfen, in neue Märkte zu expandieren und zusätzliches Personal einzustellen.

Staatliche Zuschüsse sind zu gut für Unternehmen, um die Finanzierung zu erhalten, die sie benötigen, um erfolgreich zu sein. Unternehmen müssen sich jedoch des Antragsprozesses und der potenziellen Risiken bewusst sein, die mit der Annahme staatlicher Mittel verbunden sind. Unternehmen solltensich auch der Berichtspflichten im Zusammenhang mit staatlichen Zuschüssen bewusst sein, da die Nichteinhaltung zum Entzug der Mittel führen kann.

Business Angels

Business Angels sind private Investoren, die Start-up-Unternehmen Kapital im Austausch gegen Aktienoder Wandelanleihen zur Verfügung stellen. Sie sind in der Regel wohlhabende Personen, die nach höheren Renditen suchen, als sie mit traditionellen Anlagen erzielen können. Business Angels sind oft selbst Unternehmer und haben Erfahrung in der Branche, in die sie investieren.

Business Angels stellen Start-up-Unternehmen Kapital im Austausch für Eigenkapital oder Wandelanleihen zur Verfügung. Dies bedeutet, dass der Business Angel einen Teil des Unternehmens besitzt und Anspruch auf einen Teil des Gewinns hat. Der Business Angel kann aucheine Rendite auf seine

Investition erhalten, wenn das Unternehmen erfolgreich ist.

Business Angels stellen mehr als nur Kapital zur Verfügung. Sie können auch den Unternehmern, in die sie investieren, Rat und Mentoring anbieten. Sie haben oft Erfahrung in der Branche, in die sie investieren, und können wertvolle Einblicke und Ratschläge geben. Sie können auch wertvolle Verbindungen zu potenziellen Kunden, Lieferanten und anderen Investoren bieten.

Business Angels können Start-ups das nötige Kapital zur Verfügung stellen, um durchzustarten. Dies ist besondershilfreich für Start-ups, die sich keine klassische Finanzierung sichern können. Business Angels können auch wertvolle Ratschläge und Mentoring bieten, die Unternehmern zum Erfolg verhelfen können.

Zusammenfassend lässt sich sagen, dass Business Angels eine wertvolle Kapital- und Beratungsquelle fürStart-ups sein können. Sie können das Kapital bereitstellen, das benötigt wird, um ein Unternehmen auf den Weg zu bringen, und können auch wertvolle Ratschläge und Mentoring geben. Business Angels sind eine großartige Ressource für Unternehmer, die ein Unternehmen gründen möchten.

Online-Kreditgeber

Online-Kreditgeber sind eine großartige Option für Unternehmen, die sich entwickeln und wachsen möchten. Sie bieten eine Vielzahl von Dienstleistungen und Produkten, die Unternehmen aller Größen und Entwicklungsstadien helfen können. Von Start-ups bis hin zu etablierten Unternehmen können Online-Kreditgeber Kapital, Beratung und Unterstützung bieten.

Einer der Hauptvorteile von Online-Kreditgebern ist ihre Fähigkeit, einen schnellen Zugang zu Kapital zu bieten. Viele Online-Kreditgeber bieten Kredite mit schnellen Genehmigungs- und Finanzierungszeiten an, was eine große Hilfe für Unternehmen ist, die schnell Geld benötigen. Online-Kreditgeberbieten oft auch flexiblere Rückzahlungsbedingungen als traditionelle Kreditgeber, was es Unternehmen erleichtern kann, ihren Cashflow zu verwalten.

Online-Kreditgeber bieten auch eine Vielzahl von Dienstleistungen und Produkten an, die Unternehmen helfen können, zu wachsen und sich zu entwickeln. Zum Beispielbieten einige Online-Kreditgeber Geschäftskreditkarten an, die praktisch sein können, um Geschäftskredite aufzubauen und auf zusätzliches Kapital zuzugreifen. Andere Online-Kreditgeber bieten Händler-Barvorschüsse an, die zur Deckung kurzfristiger Ausgaben oder zum Kauf von Inventar verwendet werden.

Online-Kreditgeber können Unternehmen auch wertvolle Ratschläge und Unterstützung bieten. Viele Online-Kreditgeber verfügen über Expertenteams, die Sie zu einer Vielzahl von Themen wie Marketing, Buchhaltung und Finanzen beraten können. Dies ist eine großartige Ressource für Unternehmen, die gerade erst anfangen oder Hilfe bei der Navigation durch die Komplexität der Unternehmensführung benötigen.

Der Online-Kreditgeber ist eine großartige Ressource für Unternehmen, die sich entwickeln und wachsen möchten. Sie bieten schnellen Zugang zu Kapital, flexible Rückzahlungsbedingungen und eine Vielzahl von Dienstleistungen und Produkten,die Unternehmen zum Erfolg verhelfen können. Mit dem richtigen Online-Kreditgeber können Unternehmen auf die Ressourcen zugreifen, die sie für den Erfolg benötigen.

Peer-to-Peer-Kreditvergabe

Peer-to-Peer (P2P) -Kredite sind eine Finanzierungsform, die es Einzelpersonen und Unternehmen ermöglicht,Geld ohne die Verwendung eines traditionellen Finanzinstituts zu leihen und zu verleihen. Es ist eine Online-Plattform, die Kreditnehmer und Kreditgeber direkt verbindet und es ihnen ermöglicht, Bedingungen und Zinssätze auszuhandeln. P2P-Kredite sind in den letzten Jahren immer beliebter geworden, da sie eine effizientere, kostengünstigere und transparentere Alternative zur traditionellen Finanzierung bieten.

Für Unternehmen ist P2P-Kredite eine attraktive Finanzierungsoption. Sie kann den Zugang zu Kapital schnell und mit weniger Einschränkungen ermöglichen als herkömmliche Kreditgeber. Kreditnehmer können oft in nur wenigen Tagen eine Finanzierung erhalten, und der Prozess ist in der Regel viel einfacher als bei einem Bankdarlehen. P2P-Kreditgeber haben in der Regel auch niedrigere

Zinssätze und flexiblere Rückzahlungsbedingungen als Banken.

Für Start-ups ist P2P-Krediteine großartige Unterstützung, um das Kapital zu erhalten, das sie benötigen, um ihr Geschäft auf den Weg zu bringen. Start-ups haben oft Schwierigkeiten, Zugang zu traditionellen Finanzierungen zu erhalten, da ihnen die Kredithistorie und Sicherheiten fehlen, die Banken normalerweise benötigen. P2P-Kreditgeber sind eher bereit, riskantere Kreditnehmer aufzunehmen, und sie können das Kapital bereitstellen, das Start-ups benötigen, um ihr Geschäft zum Laufen zu bringen.

P2P-Kredite können auch für Unternehmen wertvoll sein, um ihre Finanzierungsquellen zu diversifizieren. Durch den Einsatz von P2P-Kreditgebern können Unternehmen auseiner Vielzahl von Quellen auf Kapital zugreifen, was dazu beitragen kann, ihr Gesamtrisiko zu reduzieren. P2P-Kreditgeber bieten oft flexiblere Rückzahlungsbedingungen als traditionelle Kreditgeber, was Unternehmen helfen kann, ihren Cashflow effektiver zu verwalten.

Geschäftskreditlinien

Eine Geschäftskreditlinie ist eine Art von Kredit, mit dem Unternehmen bis zu einem bestimmten Limit Geld leihen können. Das Geld wird für jeden Zweck verwendet, z. B. für den Kauf von Inventar, die Bezahlung von Betriebskosten oder die Finanzierung eines neuen Projekts. Im Gegensatz zu einem traditionellen Kredit erfordert eine Kreditlinie nicht, dass der Kreditnehmer den gesamten Kreditbetrag auf einmal zurückzahlt. Stattdessen kann der Kreditnehmer bei Bedarf auf die Kreditlinie zurückgreifen und nur Zinsen auf den geliehenen Betrag zahlen.

Geschäftskreditlinien helfen Unternehmen wirklich, Zugang zu dem Kapital zu erhalten, dassie benötigen, um zu wachsen und sich zu entwickeln. Sie bieten Unternehmen Flexibilität und Zugang zu Geldern, wenn sie sie benötigen, ohne einen großen Kredit aufnehmen oder auf einen Investor warten zu müssen. Dies ist besonders hilfreich für Start-ups, die oft nur begrenzten Zugang zu Kapital haben.

Geschäftskreditlinien werden verwendet, um eine Vielzahl von Ausgaben zu decken, einschließlich des Kaufs von Inventar, der Bezahlung von Betriebskosten oder der Finanzierung eines neuen Projekts. Sie können auch zur Deckung unerwarteter Kosten wie Reparaturen oder Notfallausgaben verwendet werden. Diese Flexibilität macht sie zu einer großartigen Option für Unternehmen, die schnell auf Mittel zugreifen müssen.

Geschäftskreditlinien bieten Unternehmen auch die Möglichkeit, ihren Cashflow effektiver zu verwalten. Durch den Zugang zu Finanzmitteln bei Bedarfkönnen die Verbraucher vermeiden, große Kredite aufnehmen oder auf Investoren warten zu müssen. Dies kann Unternehmen helfen, ihre Ausgaben effizienter zu verwalten und den Überblick über ihren Cashflow zu behalten.

Geschäftskreditlinien können Unternehmen helfen, ihre Kreditwürdigkeit aufzubauen. Durch regelmäßige Zahlungen auf der Kreditlinie können Unternehmen ihre Fähigkeit demonstrieren, Schulden verantwortungsvoll zu verwalten und ihre Kreditwürdigkeit aufzubauen. Dies ist vorteilhaft für Unternehmen, die sich in Zukunft zusätzliche Finanzierungen sichern möchten.

Ausrüstungsfinanzierung

Ausrüstungsfinanzierung ist eine Art von Darlehen, das es Unternehmen ermöglicht, die Ausrüstung zu kaufen, die sie für den Betrieb und das Wachstum benötigen. Es handelt sich um eine Form der vermögensbasierten Kreditvergabe, was bedeutet, dass das Darlehen durch die gekaufte Ausrüstung gesichert ist. Die Ausrüstungsfinanzierung kann verwendet werden,um eine Vielzahl von Artikeln zu kaufen, einschließlich Fahrzeuge, Computer, Fertigungsausrüstung und mehr.

Die Gerätefinanzierung ist eine großartige Option für Unternehmen, die Ausrüstung kaufen müssen, aber nicht über das Geld verfügen, um dies zu tun. Es kann auch eine großartige Optikfür Start-ups sein, da es ihnen ermöglicht, die Ausrüstung zu erwerben, die sie benötigen, um ihr Geschäft zum Laufen zu bringen, ohne ihr eigenes Kapital einsetzen zu müssen.

Die Finanzierung von Ausrüstungen kann Unternehmen in vielerlei Hinsicht helfen. Erstens ermöglicht es den Unternehmen, die benötigten Mittel zu erwerben, ohne ihr eigenes Kapital einsetzen zu müssen. Dies ist besonders für Start-ups von Vorteil, da sie so ihr Unternehmen zum Laufen bringen können, ohne eigene Ressourcen einsetzen zu müssen.

Zweitens kann die Finanzierung von Ausrüstungen Unternehmen helfen, Geld zu sparen. Da das Darlehen durch die gekaufte Ausrüstung gesichert ist, ist der Zinssatz in der Regel niedriger als bei anderen Finanzierungsarten. Dies kann Unternehmen helfen, langfristig Geld zu sparen.

Drittens kann die Finanzierung von Ausrüstungen Unternehmen helfen, Zeit zu sparen. Durchdie Finanzierung der benötigten Ausrüstung können Unternehmen den langwierigen Prozess der Suche nach und Verhandlung mit Anbietern vermeiden. Dies kann Unternehmen helfen, Zeit zu sparen und die benötigte Ausrüstung schnell zu erhalten.

Ausrüstungsfinanzierungen können Unternehmen helfen, ihren Cashflow aufrechtzuerhalten. Durch die Finanzierung der benötigten Ausrüstung können Unternehmen vermeiden, dass sie ihr eigenes Kapital für den Kauf der Ausrüstung verwenden müssen. Dies kann Unternehmen helfen, ihren Cashflow aufrechtzuerhalten und sicherzustellen, dass sie über die Mittel verfügen, die sie für den Betrieb und das Wachstum benötigen.

Factoring

Factoring ist eine Art der Finanzierung, die Unternehmen hilft, schnell und einfach auf Bargeld zuzugreifen. Es ist eine Finanztransaktion, bei der ein Unternehmen seine Forderungen (Rechnungen) an einen Dritten (einen sogenannten Faktor) mit einem Rabatt verkauft. Der Faktor zieht dann die Zahlungen von den Kunden ein und zahlt dem Unternehmen den diskontierten Betrag. Factoring ist eine gute Möglichkeit für Unternehmen, schnell und einfach auf Bargeld zuzugreifen, und es kann ihnen helfen, zu wachsen und sich zu entwickeln.

Factoring kann besonders für kleine Unternehmen undStart-ups von Vorteil sein. Diese Unternehmen haben oft nur begrenzten Zugang zu traditionellen Finanzierungsmöglichkeiten wie Bankkrediten, und Factoring kann ihnen das Geld zur Verfügung stellen, das sie benötigen, um zu wachsen und sich zu entwickeln. Factoring kann Start-ups auch helfen, ihren Cashflow effektiver zu steuern, da sie schnell und einfach auf Bargeld zugreifen können, ohne darauf warten zu müssen, dass Kunden ihre Rechnungen bezahlen. Dies kann ihnen helfen, ihre kurzfristigen Ausgaben zu decken und in neue Möglichkeiten zu investieren.

Factoring kann Unternehmen auch helfen, ihr Risiko zu reduzieren. Durchden Verkauf ihrer Rechnungen an einen Faktor können Unternehmen ihr Risiko von Forderungsausfällen und Kreditrisiken reduzieren. Der Faktor übernimmt das Risiko der Nichtzahlung, was bedeutet, dass Unternehmen sich keine Sorgen machen müssen, dass Kunden ihre Rechnungen nicht bezahlen. Dies kann Unternehmen helfen, ihre Finanzen effektiver zu verwalten und ihr Risiko zu verringern.

Factoring ist eine schnelle Möglichkeit für Unternehmen, schnell und einfach auf Bargeld zuzugreifen, und es kann besonders für kleine Unternehmen und Start-ups von Vorteil sein. Es kann ihnen helfen, ihre Abläufe effektiver zu steuern, ihr Risiko zu reduzieren und in neue Chancen zu investieren.

Börsengang (IPO)

Ein Börsengang (IPO) ist der Prozess, durch den ein privates Unternehmen zu einem börsennotierten Unternehmen werden kann, indem es seine Aktien der Öffentlichkeit anbietet. IPOs sind eine Möglichkeit für ein Unternehmen, Kapital zu beschaffen und seine Sichtbarkeit auf dem Markt zu erhöhen. Durch einen Börsengang kann ein Unternehmen auch seine Liquidität erhöhen und mehr Investoren anziehen.

IPOs sind eine großartige Geschäftsmöglichkeit für Start-ups und kleine Unternehmen, um Kapital zu beschaffen und ihre Geschäftstätigkeit zu erweitern. Durch den Börsengang kann ein Unternehmen auf einen größeren Pool potenzieller Investoren zugreifen, was ihm helfen kann, mehr Kapital zu beschaffen. Der Börsengang kann einem Unternehmen auch helfen, seine Sichtbarkeit und Glaubwürdigkeit auf dem Markt zu erhöhen, was zu mehr Kunden und Geschäftsmöglichkeiten führen kann.

Börsengänge bieten Unternehmen auch die Möglichkeit, ihre bestehenden Aktionäre zu belohnen. Durch das öffentliche Angebot von Aktien kann ein Unternehmen seinen bestehenden Aktionären die Möglichkeit bieten, ihre Aktien zu verkaufen und eine Rendite für ihre Investition zu erzielen. Dies ist besonders vorteilhaft für frühe Investoren, die seit der Gründung des Unternehmens dabei sind und darauf gewartet haben, dass das Unternehmen an die Börse geht.

Börsengänge können einem Unternehmen auch helfen, Top-Talente anzuziehen und zu halten. Durch den Börsengang kann ein Unternehmen seinen Mitarbeitern die Möglichkeit bieten, Anteile am Unternehmen zu erwerben, was für sie ein großer Anreiz ist, im Unternehmen zu bleiben. Der Börsengang kann einem Unternehmen auch helfen, neue Talente anzuziehen, da es zeigen kann,dass das Unternehmen ein tragfähiges und erfolgreiches Unternehmen   ist.

Ein optimierter Ansatz für Börsengänge kann Start-ups und kleinen Unternehmen viel Sichtbarkeit verschaffen, um Kapital zu beschaffen und ihre Geschäftstätigkeit zu erweitern. Durch den Börsengang kann ein Unternehmen auf einen größeren Pool potenzieller Investoren zugreifen, seine Sichtbarkeit und Glaubwürdigkeit auf dem Markt erhöhen und seine bestehenden Aktionäre belohnen.

Private Equity

Private Equity (PE) ist eine Form der alternativen Anlage, bei der Kapital in Unternehmen oder Fonds investiert wird, dienicht öffentlich an einer Börse gehandelt werden. Private-Equity-Firmen investieren in der Regel in Unternehmen, die Kapital für Expansion, Restrukturierung oder andere Zwecke benötigen.

Private-Equity-Firmen stellen Unternehmen Kapital im Austausch für Kapitalbeteiligungen am Unternehmen zur Verfügung. Dies bedeutet, dass die Private-Equity-Gesellschaft einen Teil des Unternehmens besitzt und ein Mitspracherecht bei der Verwaltung des Unternehmens hat. Private-Equity-Gesellschaften bieten auch Management-Know-how und Beratung für die Unternehmen, in die sie investieren.

Private-Equity-Firmen können Unternehmen auf verschiedene Weise helfen. Sie können Kapital für Expansion, Umstrukturierung oder andere Zwecke bereitstellen. Sie können auch Ratschläge und Anleitungen geben, wie das Unternehmen am besten geführt werden kann. Private-Equity-Firmen können Unternehmen auch bei der Entwicklung von Wachstums-und Rentabilitätsstrategien unterstützen.

Private-Equity-Firmen können Start-ups auch helfen, indem sie Kapital zur Verfügung stellen, um ihnen zu helfen, auf den Weg zu kommen. Start-ups benötigen oft Kapital, um ihr Unternehmen zu gründen, haben aber möglicherweise keinen Zugang zu traditionellen Finanzierungsquellen. Privprivate Beteiligungsgesellschaften können das notwendige Kapital bereitstellen, um Start-ups beim Start zu unterstützen.

Private-Equity-Firmen können Start-ups auch helfen, indem sie Beratung und Anleitung zur optimalen Führung des Unternehmens anbieten. Private-Equity-

Firmen können Start-ups dabei unterstützen, Wachstums- und Rentabilitätsstrategien zu entwickeln. Sie können auch Ratschläge geben, wie das Geschäft am besten strukturiert werden kann, z. B. wie das Eigentum und die Verwaltung des Unternehmens strukturiert werden können.

Private-Equity-Firmen können eine großartige Kapitalquelle und Beratung für Unternehmen und Start-ups sein. Sie können Kapital für Expansion, Umstrukturierung oder andere Zwecke bereitstellen. Sie können auch Ratschläge und Anleitungen geben, wie das Geschäft am besten geführt werden kann.

Fusionen und Übernahmen

Mergers and Acquisitions (M&A) ist eine Art von Unternehmensumstrukturierung, bei der zwei oder mehr Unternehmen zu einer einzigen Einheit zusammengefasst werden. Dies geschieht entweder durch eine Fusion, bei der ein Unternehmen in ein anderes aufgeht, oder durch eine Übernahme, bei der ein Unternehmen ein anderes kauft. M&A kann verwendet werden, um den Marktanteil eines Unternehmens zu erweitern, sein Produktangebot zu diversifizieren oder Zugang zu neuen Technologien oder Ressourcen zu erhalten.

M&A ist sowohl für etablierte Unternehmen als auch für Start-ups von Vorteil. Für etablierte Unternehmen bietet M&A Zugang zu neuen Märkten, Technologien und Ressourcen sowie die Möglichkeit, ihr Produktangebot zu erweitern. Für Start-ups kann M&A Zugang zu Kapital, Ressourcen und Know-how bieten, die sonst möglicherweise nicht verfügbar wären. M&A kann Start-ups eine Plattform bieten, um ihr Geschäft schnell zu skalieren und ihren Kundenstamm zu erweitern.

M & A kann Unternehmen auch dabei helfen, sich auf andere Weise zu entwickeln und zu wachsen. Zum Beispiel kann M&A Unternehmen helfen, Kosten zu senken, indem redundante Abläufe und Personal eliminiert werden, und es kann Unternehmen helfen, die Effizienz zu steigern, indem sie Abläufe kombinieren und Prozesse rationalisieren. M&A kann Unternehmen helfen, Zugang zu neuen Märkten, Technologien und Ressourcen zu erhalten und ihr Produktangebot zu erweitern.

M&A ist ein mächtiges Werkzeug sowohl für etablierte Unternehmen als auch für Start-ups. Es kann Zugang zu neuen Märkten, Technologien und Ressourcen sowie die Möglichkeit bieten, sein Produktangebot zu erweitern. M&A kann Unternehmen helfen, Kosten zu senken, die Effizienz zu steigern und Zugang zu neuen Märkten zu erhalten.

Small Business Administration Darlehen

Die SmallBusinessines s Administration (SBA) ist eine Bundesbehörde, die kleine Unternehmen in den Vereinigten Staaten unterstützt. Die SBA bietet eine Vielzahl von Kreditprogrammen an, um kleinen Unternehmen zu helfen, zu starten, zu wachsen und erfolgreich zu sein. Diese Darlehen können für eine Vielzahl von Zwecken verwendet werden, einschließlich Geschäftsexpansion, Ausrüstungskauf, Betriebskapital und Schuldenrefinanzierung.

Die SBA-Darlehensprogramme sollen kleinen Unternehmen den Zugang zu Kapital erleichtern, das über traditionelle Finanzierungsquellen möglicherweise nicht verfügbar ist. Die SBVg gibt nicht direktGeld an Unternehmen weiter, sondern garantiert Kredite, die von teilnehmenden Kreditgebern vergeben werden. Dies trägt dazu bei, das Risiko für Kreditgeber zu reduzieren und erleichtert es kleinen Unternehmen, sich für eine Finanzierung zu qualifizieren.

Die SBA bietet mehrere Kreditprogramme an, darunter das 7 (a) Kreditprogramm, das 504-Darlehensprogramm und das Mikrokreditprogramm. Das 7 (a) -Darlehensprogramm ist das beliebteste SBA-Darlehensprogramm und wird für eine Vielzahl von Zwecken verwendet, einschließlich Geschäftsexpansion, Gerätekäufe, Betriebskapital und Schuldenrefinanzierung. Das 504 Loan-Programm soll kleinen Unternehmen helfen, Anlagegüter wie Immobilien und Ausrüstung zu erwerben. Das Mikrokreditprogramm bietet Kleinkredite von bis zu 50.000 US-Dollar, um kleinen Unternehmen bei der Gründung und Expansion zu helfen.

Die SBA-Darlehensprogramme bieten eine Reihe von BEnefits für kleine Unternehmen. Die Kredite sind in der Regel leichter zu qualifizieren als traditionelle Bankkredite, und sie haben oft niedrigere Zinssätze und längere Rückzahlungsfristen. Die SBA bietet auch kostenlose Beratung und Schulung an, um Kleinunternehmern zu helfen,den Kreditprozess zu verstehen und ihre Geschäfte zu verwalten.

Wandelschuldverschreibungen

Wandelschuldverschreibungen sind eine Art von Darlehen, das zu einem späteren Zeitpunkt in Eigenkapital umgewandelt werden kann. Es ist eine beliebte Form der Finanzierung für Start-ups und andere Unternehmen, die Kapital benötigen, aber nicht über dieVermögenswerte oder die Kredithistorie verfügen, um sich für traditionelle Bankkredite zu qualifizieren. Wandelanleihen sind für Anleger attraktiv, weil sie ihnen das Potenzial für eine höhere Rendite bieten.

Wandelanleihen sind eine großartige Möglichkeit für Unternehmen, das Kapital zu erhalten, das sie benötigen, um zu wachsen und sich zu entwickeln. Es kann die erforderlichen Mittel bereitstellen, um neue Produkte zu entwickeln, neue Mitarbeiter einzustellen und den Betrieb zu erweitern. Es ermöglicht Unternehmen auch, die hohen Zinssätze zu vermeiden, die mit traditionellen Krediten verbunden sind.

Wandelanleihen können auchfür Start-ups von Vorteil sein, da sie es ihnen ermöglichen, Kapital zu beschaffen, ohne auf Eigenkapital in ihrem Unternehmen zu verzichten. Dies ist besonders attraktiv für Unternehmer, die die Kontrolle über ihr Unternehmen behalten wollen.

Wandelanleihen können auch verwendet werden, um dieLücke zwischen Seed-Finanzierung und einer Serie-A-Finanzierungsrunde zu schließen. Dies ist besonders hilfreich für Start-ups, die zusätzliches Kapital benötigen, um die nächste Wachstumsstufe zu erreichen.

Wandelanleihen können ein sicherer Weg für Unternehmen sein, um das Kapital zu erhalten, das sie benötigen, um zu wachsenund sich zu entwickeln. Es wird verwendet, um die Lücke zwischen Seed-Finanzierung und einer Serie-A-Finanzierungsrunde zu schließen.

Umsatzbasierte Finanzierung

- Umsatzbasierte Finanzierung (RBF) ist eine Art der Finanzierung, die es Unternehmen ermöglicht, Geld basierend auf ihren aktuellen und zukünftigen Einnahmen zu leihen. RBF ist eine Alternative zur traditionellen Fremd- und Eigenkapitalfinanzierung und wird häufig von Unternehmen genutzt, die keinen Zugang zu traditionellen Finanzierungen haben. RBF kann eine großartige Option für Unternehmen sein, die schnell Kapital benötigen und nicht die Eigenkapitalfinanzierung übernehmen möchten.

- RBF ist eine Form der Fremdfinanzierung, die auf den aktuellen und zukünftigen Einnahmen eines Unternehmens basiert. Im Gegensatz zur traditionellen Fremdfinanzierung erfordert RBF keine Sicherheiten oder eine Kreditwürdigkeit. Stattdessen betrachtet der Kreditgeber die Einnahmen und denAschefluss des Unternehmens, um den Geldbetrag zu bestimmen, den er bereit ist zu verleihen. Der Kreditgeber wird auch das Wachstumspotenzial und die Finanzgeschichte des Unternehmens betrachten, um die Rückzahlungsbedingungen zu bestimmen.

- RBF ist eine großartige Option für Unternehmen, die schnell Kapital benötigen und nicht das Risiko einer Eigenkapitalfinanzierung eingehen möchten. RBF kann Unternehmen das Kapital zur Verfügung stellen, das sie benötigen, um zu wachsen und zu expandieren, ohne das Eigentum oder die Kontrolle über das Unternehmen aufgeben zu müssen. RBF wird zur Finanzierung kurzfristiger Projekte oder Investitionen wieMakraktionskampagnen oder neue Produkteinführungen verwendet.

- RBF ist eine großartige Option für Unternehmen, die gerade erst anfangen. Es kann Unternehmen mit dem Kapital versorgen, das sie benötigen, um auf den Weg zu kommen, ohne das Eigentum oder die Kontrolle über das Unternehmen aufgeben zu müssen . RBF kann zur Finanzierung kurzfristiger Projekte oder Investitionen wie Marketingkampagnen oder neue Produkteinführungen verwendet werden.

Privatplatzierung

Privatplatzierungen sind eine Form der Finanzierung, die den Verkauf von Wertpapieren an eine begrenzte Anzahl von Anlegern beinhaltet, in der Regel ohne Registrierung bei der Securities and Exchange Commission (SEC). Privatplatzierungen werden häufig von Unternehmen genutzt, um Kapital für die Geschäftsentwicklung und -expansion zu beschaffen.

Privatplatzierungen können für Start-ups und kleine Unternehmen gut sein, um schnell und effizient Kapital zu beschaffen. Sie können zur Finanzierung neuer Projekte, zur Erweiterung bestehender Betriebe oder zum Erwerb anderer Unternehmen verwendet werden. Privatplatzierungen sind für Investoren auch deshalb attraktiv, weil sie in der Regel höhere Renditen bieten als andere Finanzierungsformen.

Privatplatzierungen werden in der Regel akkreditierten Anlegern angeboten, bei denen es sich um natürliche oder juristische Personen handelt, die bestimmte finanzielle Schwellenwerte erreichen. Diese Anleger müssen nachweisen können, dass sie über die finanziellen Mittel und Kenntnisse verfügen,um die mit der Investition verbundenen Risiken zu verstehen.

Privatplatzierungen sind auf verschiedene Arten strukturiert, einschließlich Fremdkapital, Eigenkapital oder einer Kombination aus beidem. Unternehmen können auch verschiedene Arten von Wertpapieren anbieten, z. B. Stammaktien, Vorzugsaktienoder Wandelschuldverschreibungen.

Privatplatzierungen können Start-ups und kleinen Unternehmen Zugang zu Kapital verschaffen, das über traditionelle Finanzierungsquellen möglicherweise nicht verfügbar ist. Sie bieten Anlegern auch die Möglichkeit, in einem bestimmten Stadium in ein Unternehmen zu investierenund möglicherweise höhere Renditen zu erzielen als bei anderen Investitionen.

Privatplatzierungen können auch zur Kapitalbeschaffung für bestimmte Projekte oder Initiativen wie Forschung und Entwicklung, Marketing oder Akquisitionen genutzt werden. Unternehmen könnenauch Privatplatzierungen nutzen, um ihre Fremd- oder Eigenkapitalstruktur umzustrukturieren.

Privatplatzierungen werden für Start-ups und kleine Unternehmen unterstützt, um schnell und effizient Kapital zu beschaffen. Sie können Investoren auch die Möglichkeit bieten,in ein Unternehmen einzusteigen.

Asset-Based Lending

- Asset-based Lending (ABL) ist eine Art der Finanzierung, bei der die Vermögenswerte eines Unternehmens als Sicherheit für ein Darlehen verwendet werden. Es ist eine beliebte Form der Finanzierung für Unternehmen, die schnellen Zugang zu Kapital benötigen und keinen Zugang zu traditionellenFinanzierungsquellen haben. ABL wird verwendet, um eine breite Palette von Geschäftsaktivitäten zu finanzieren, einschließlich Betriebskapital, Expansion, Akquisitionen und mehr.

- ABL kann zur Finanzierung einer Vielzahl von Geschäftsaktivitäten verwendet werden, einschließlich Betriebskapital, Expansion, Acquistionen und mehr. ABL ist eine attraktive Option für Unternehmen, die Schwierigkeiten haben, traditionelle Finanzierungen zu erhalten. Es handelt sich um eine flexible Finanzierungsform, die auf die Bedürfnisse des Unternehmens zugeschnitten werden kann. ABL kann Unternehmen die Mittel zur Verfügung stellen, die sie für ihr Wachstum benötigen.

- ABL ist eine großartige Option für Start-ups und kleine Unternehmen, die Kapital benötigen, um auf den Weg zu kommen. ABL kann die erforderlichen Mittel bereitstellen, um Ausrüstung zu kaufen, Personal einzustellen und Inventar zu kaufen. Es dient der Finanzierung von Expansion und Akquisitionen.

- ABL i wird auch zur Finanzierungvon Fusionen und Übernahmen und zur Bereitstellung des Kapitals verwendet, das zur Finanzierung des Kaufs eines anderen Unternehmens oder zur Finanzierung der Fusion zweier Unternehmen erforderlich ist. Es wird zur Finanzierung von Umstrukturierungen und Turnarounds verwendet, um das Kapital bereitzustellen, das für die Umstrukturierung eines Unternehmens und seine Rentabilität erforderlich ist. Asset-based Lending ist eine großartige Option für Unternehmen, die einen schnellen Zugang zu Kapital benötigen.

Leasing

Leasing ist eine Form der Finanzierung, die es Unternehmen ermöglicht, Vermögenswerte zu erwerben, ohne den vollen Kaufpreis im Voraus zahlen zu müssen. Es ist eine beliebte Option für Unternehmen jeder Größe, von Start-ups bis hin zu großen Unternehmen, da es ihnen Zugang zu den Geräten bietet, die sie benötigen, um zu arbeiten, ohne viel Kapital ausgeben zu müssen.

Leasing kann einen erheblichenEinfluss auf das Unternehmenswachstum und den Start-up-Erfolg haben. Indem Unternehmen Vermögenswerte erwerben können, ohne den vollen Kaufpreis im

Voraus zahlen zu müssen, erhalten sie durch Leasing das Kapital, das sie benötigen, um in andere Bereiche ihres Geschäfts wie Marketing,Forschung und Entwicklung sowie die Einstellung zusätzlicher Mitarbeiter zu investieren. Dies kann Unternehmen helfen, zu wachsen und zu expandieren und ihre Erfolgschancen zu erhöhen.

Leasing bietet Unternehmen auch mehr Flexibilität als herkömmliche Finanzierungsmöglichkeiten. Unternehmen können beispielsweise die Länge des Leasings, die Zahlungsbedingungen und die Art des Vermögenswerts, den sie leasen, auswählen. Dies ermöglicht es Unternehmen, ihren Leasingvertrag an ihre spezifischen Bedürfnisse und ihr Budget anzupassen.

Leasing kann Unternehmen helfen, ihren Cashflow zu verwalten. Indem die Kosten des Vermögenswerts über die Laufzeit des Leasingvertrags berechnet werden, können Unternehmen vermeiden, eine große Geldsumme im Voraus zahlen zu müssen. Dies kann Unternehmen helfen, ihren Cashflow zu verwalten und sicherzustellen, dass sie genug Geld haben, um ihre anderen Ausgaben zu decken.

Leasing isteine großartige Option für Unternehmen jeder Größe, von Start-ups bis hin zu Großkonzernen. Es kann Unternehmen das Kapital zur Verfügung stellen, das sie benötigen, um in andere Geschäftsbereiche zu investieren, sowie mehr Flexibilität und ein besseres Cashflow-Management. Durch die Nutzungvon Leasing können Unternehmen ihre Erfolgschancen erhöhen und dazu beitragen, ihr langfristiges Wachstum und ihren Erfolg zu sichern.

Handelskredit

Handelskredite sind eine Form der Finanzierung, die es Unternehmen ermöglicht, Waren oder Dienstleistungen zu kaufen, ohne sie sofort bezahlen zu müssen. Es ist eine Art kurzfristige Finanzierung, die von seinen Lieferanten oder Lieferanten auf ein Unternehmen ausgedehnt wird. Der Lieferant oder Verkäufer verpflichtet sich, Waren oder Dienstleistungen für das Unternehmen bereitzustellen und erlaubt dem Unternehmen, diese zu einem späteren Zeitpunkt zu bezahlen. Diese Art der Finanzierungwird häufig von Unternehmen verwendet, um Inventar zu kaufen, Betriebskosten zu decken oder Wachstumsinitiativen zu finanzieren.

Handelskredite sind eine wichtige Finanzierungsquelle für Unternehmen, insbesondere für Start-ups und kleine Unternehmen. Es kann Zugang zu Kapital bieten, das von traditionellen Quellen wie Banken oder Investoren möglicherweise nicht verfügbar ist. Handelskredite können Unternehmen auch helfen, ihren Cashflow zu verwalten, indem sie es ihnen ermöglichen, Waren und Dienstleistungen zu kaufen, ohne sofort dafür bezahlen zu müssen. Dies ist besonders vorteilhaft für Unternehmen, die saisonale Umsatzschwankungen erleben oder nur begrenzten Zugang zu anderen Finanzierungsformen haben.

Handelskredite können auch Unternehmen helfen, zu wachsen und zu expandieren. Indem Unternehmen

Waren und Dienstleistungen kaufen können, ohne sofort dafür bezahlen zu müssen, können Handelskredite Unternehmen helfen, Inventar zu kaufen oder in neue Ausrüstung zu investieren, die ihnen helfen können, Produktion und Umsatz zu steigern. Dies kann Unternehmen helfen, ihre Umsätze und Gewinne zu steigern, was zu weiterem Wachstum und Expansion führen kann.

Handelskredite können auch für Start-ups von Vorteil sein. Start-ups haben oft nur begrenzten Zugang zu Kapital und sind möglicherweise nicht in der Lage, eine Finanzierung aus traditionellen Quellen zu erhalten. Handelskredite können eine Finanzierungsquelle darstellen, die Start-ups helfen kann, Inventar zu kaufen und in neue Ausrüstung zu investieren, was ihnen helfen kann, ihr Geschäft auf den Weg zu bringen.

Handelskredite sind eine wichtige Finanzierungsquelle für Unternehmen, insbesondere für Start-ups und kleine Unternehmen.

Lieferantenfinanzierung

Lieferantenfinanzierung ist eine Finanzierung, bei der der Lieferant das Geschäft finanziert, um Waren oder Dienstleistungen vom Lieferanten zu kaufen. Diese Art der Finanzierung ist vorteilhaft für Unternehmen, die Waren oder Dienstleistungen kaufen müssen, aber nicht über die notwendigen Mittel verfügen, um dies zu tun. Es kann auch für Start-ups von Vorteil sein, da es ihnen helfen kann, die notwendigen Waren oder Dienstleistungen zu erwerben, um ihr Geschäft auf den Weg zu bringen.

Lieferantenfinanzierungen können sich positiv auf das Unternehmenswachstum und den Start-up-Erfolg auswirken. Durch den Zugang zu Gütern und Dienstleistungen, die sonst unerreichbar wären, kann die Lieferantenfinanzierung Unternehmen helfen, ihre Geschäftstätigkeit zu erweitern und ihren Umsatz zu steigern. Dies ist besonders für Start-ups von Vorteil, da es ihnen helfen kann, die notwendigen Ressourcen zu erwerben, um ihr Geschäft auf den Weg zu bringen. Lieferantenfinanzierung kann Unternehmen helfen, ihren Cashflow effektiver zu verwalten, da sie Waren und Dienstleistungen auf Kredit kaufen und dann im Laufe der Zeit bezahlen können. Dies kann Unternehmen helfen, ihre Finanzen besser zu verwalten und sicherzustellen, dass sie über die notwendigen Mittel verfügen, um ihre Ausgaben zu decken.

Neben der Unterstützung von Unternehmen beim Erwerb der notwendigen Ressourcen für das Wachstum kann die Lieferantenfinanzierung auch dazu beitragen, das mit dem Kauf von Waren oder Dienstleistungen verbundene Risiko zu reduzieren. Indem Unternehmen Waren und Dienstleistungen auf Kredit erwerben können, kann die Lieferantenfinanzierung dazu beitragen, das Risiko zu verringern, dass bereits gekaufte Waren oder Dienstleistungen nicht bezahlt werden können. Dies kann Unternehmen helfen, finanzielle Verluste durch Nichtzahlung zu vermeiden und ihre Finanzen besser zu verwalten.

Die Lieferantenfinanzierung ist ein nützliches Instrument für Unternehmen und Start-ups. Es kann Unternehmen helfen, die notwendigen Ressourcen für das Wachstum zu erwerben, und kann Start-ups helfen, ihr Geschäft auf den Weg zu bringen. Es kann Unternehmen helfen, ihren Cashflow besser zu verwalten und das damit verbundene Risiko zu reduzieren.

Anmerkung:

Handelskredit ist ein kurzfristiges Darlehen, das einem Kunden von einem Lieferanten gewährt wird und es dem Kunden ermöglicht, Waren oder Dienstleistungen zu kaufen und zu einem späteren Zeitpunkt zu bezahlen.

Lieferantenfinanzierung ist eine Art von Finanzierungsvereinbarung, bei der ein Lieferant einem Kunden ein Darlehen gewährt, um den Kauf von Waren oder Dienstleistungen zu finanzieren. Der Lieferant kann vom Kunden regelmäßige Zahlungen verlangen oder verlangen, dass der Kunde den gesamten Darlehensbetrag am Ende des Vertrags bezahlt. Der Lieferer kann vom Besteller auch Sicherheiten oder eine persönliche Bürgschaft verlangen.

Exportfinanzierung

Exportfinanzierung ist eine Art der Finanzierung, die Unternehmen und Start-ups hilft, ihre Exportaktivitäten zu finanzieren. Es ist eine Form des Glaubens,die Unternehmen hilft, die Kosten zu decken, die mit dem Export von Waren und Dienstleistungen verbunden sind, wie Transport, Versicherung und Zölle. Die Exportfinanzierung wird verwendet, um die Kosten für Produktion, Marketing und andere Aktivitäten im Zusammenhang mit dem Export zu decken.

Exportfinanzierungen können erhebliche Auswirkungen auf das Unternehmenswachstum und die Unternehmensgründung haben. Einer der Hauptvorteile der Exportfinanzierung besteht darin, dass sie Unternehmen Zugang zu Kapital verschafft, auf das sie mit herkömmlichen Finanzierungsmethoden möglicherweise keinen Zugang haben. Dies ist besonders für Start-ups von Vorteil, da ihnen oft die Sicherheiten oder die Kredithistorie fehlen, um sich für eine traditionelle Finanzierung zu qualifizieren. Exportfinanzierungen können Unternehmen auch helfen, ihre Geschäftstätigkeit zu erweitern und neue Märkte zu erreichen, was zu höheren Umsätzen und Gewinnen führen kann.

Exportfinanzierungen können Unternehmen auch dabei helfen, ihren Cashflow effektiver zu steuern. Durch den Zugang von Unternehmen zu Kapital kann die Exportfinanzierung den Unternehmen helfen, ihre Ausgaben zu decken und Waren und Dienstleistungen rechtzeitig zu bezahlen. Dies kann Unternehmen helfen, kostspielige Verzögerungen bei der Produktion oder Lieferung zu vermeiden, die sich negativ auf ihr Endergebnis auswirken können.

Durch den Zugang von Unternehmen zu Kapital kann die Exportfinanzierung den Unternehmen helfen, Beziehungen zu staatlichen Käufern aufzubauen, was zu höheren Umsätzen und Gewinnen führen kann.

Joint Ventures

Ein Joint Venture (JV) ist eine Geschäftsvereinbarung, bei der zwei oder mehr Parteien vereinbaren, ihre Ressourcen zu bündeln, um ein bestimmtes Ziel zu erreichen. Joint Ventures werden häufig von Unternehmen genutzt,um ihre Geschäftstätigkeit auszuweiten, neue Märkte zu erschließen und Zugang zu neuen Technologien zu erhalten. Sie können auch von Start-ups genutzt werden, um auf Kapital, Ressourcen und Fachwissen zuzugreifen, die sonst nicht verfügbar wären.

Joint Ventures bieten eine Reihe von Vorteilen fürUnternehmen und Start-ups. Durch die Bündelung von Ressourcen können Unternehmen Kosten und Risiken reduzieren, die mit dem Eintritt in neue Märkte oder der Einführung neuer Produkte verbunden sind. Sie können auch Zugang zu neuen Technologien und Know-how erhalten, die sonst nicht verfügbar wären.

Joint Ventures können Start-ups eine Plattform bieten, um ihre Produkte und Dienstleistungen am Markt zu testen und zu validieren.

Darüber hinaus können Joint Ventures eine Plattform für die Zusammenarbeit und Innovation von Unternehmen bieten, was zu mehr Effizienz und Produktivität führen kann.

Strategische Partnerschaften

Strategische Partnerschaften sind ein wichtiges Instrument für Unternehmen jeder Größe, um zu wachsen und erfolgreich zu sein. Strategische

Partnerschaften ermöglichen es Unternehmen, die Ressourcen, das Know-how und die Netzwerke anderer Organisationen zu nutzen, um neue Möglichkeiten zu schaffenund ihren Wettbewerbsvorteil zu erhöhen. Strategische Partnerschaften können zwischen zwei oder mehr Unternehmen, zwischen einem Unternehmen und einer Regierungsbehörde oder zwischen einem Unternehmen und einer Bildungseinrichtung gebildet werden. Strategische Partnerschaften können Unternehmen dabei helfen, ihren Kundenstamm zu erweitern, ihren Marktanteil zu erhöhen und neue Produkte und Dienstleistungen zu entwickeln. Sie können Start-ups auch dabei helfen, Zugang zu Kapital, Ressourcen und Fachwissen zu erhalten, um ihr Unternehmen zu gründen.

Eine strategische Partnerschaft ist eine formelle Vereinbarung zwischenzwei oder mehr Organisationen, zusammenzuarbeiten, um ein gemeinsames Ziel zu erreichen. Strategische Partnerschaften werden gebildet, wenn zwei oder mehr Organisationen komplementäre Stärken und Ressourcen haben, die genutzt werden können, um einen Wettbewerbsvorteil zu schaffen.

Strategische Partnerhips können Unternehmen helfen, ihren Kundenstamm zu erweitern und ihren Marktanteil zu erhöhen. Durch die Nutzung der Ressourcen und Netzwerke anderer Organisationen können Unternehmen neue Kunden und Märkte errcichen, die sie alleine möglicherweise nicht erreichen konnten.

Strategic Partnerschaften können Unternehmen Zugang zu Ressourcen wie Kapital, Technologie und Know-how verschaffen, zu denen sie selbst möglicherweise keinen Zugang hatten. Dies ist besonders vorteilhaft für Start-ups, denen oft die Ressourcen fehlen, um ihr Unternehmen zu gründen. Strategische Partnerschaften können Unternehmen jeder Größe eine Reihe von Vorteilen bieten. Zu diesen Vorteilen gehören:

- **Zugang zu neuen Ressourcen**: Strategische Partnerschaften bieten Zugang zu neuen Ressourcen wie Technologie, Kapital und Know-how, die einem Unternehmen helfen können, zu wachsen.

- **Erhöhte Marktreichweite**: Strategische Partnerschaften können einem Unternehmen helfen, seine Reichweite auf neue Märkte und Kundensegmente auszudehnen.

- **Kosteneinsparungen**: Strategische Partnerschaften können einem Unternehmen helfen, Kosten zu senken, indem Ressourcen gemeinsam genutzt und Skaleneffekte genutzt werden.

- **Risikominderung**: Strategische Partnerschaften können einem Unternehmen helfen, Risiken zu reduzieren, indem sie die Risikolast teilen und auf mehrere Partner verteilen.

- Effizienzsteigerung: Strategische Partnerschaften können einem Unternehmen helfen, effizienter zu werden, indem sie Ressourcen nutzen und die Stärken des jeweils anderen nutzen.

- **Mehr Innovation**: Strategische Partnerschaften können einem Unternehmen helfen, innovativer zu werden, indem Ideen und Ressourcen verschiedener Partner kombiniert werden.

- **Verbesserte Markenbekanntheit**: Strategische Partnerschaften können einem Unternehmen helfen, seine Markenbekanntheit zu steigern, indem es die Marke des Partners nutzt.

- **Zugang zu** Talenten: Strategische Partnerschaften können einem Unternehmen helfen, auf neue Talente und Fähigkeiten zuzugreifen, die ihm helfen können, zu wachsen.

- **Erhöhte Kundenbindung**: Strategische Partnerschaften können dieKundenbindung erhöhen, indem sie den Kunden einen besseren Service und mehr Wert bieten.

- **Verbesserte Wettbewerbsfähigkeit**: Strategische Partnerschaften können einem Unternehmen helfen, wettbewerbsfähiger zu werden, indem sie die Stärken und Ressourcen des Partners nutzen.

Investmentbanken

Eine Investmentbank ist ein Finanzinstitut, das Unternehmen, Regierungen und Einzelpersonen eine Reihe von Dienstleistungen anbietet. Investmentbanken sind spezialisiert auf die Zeichnung und Ausgabe von Wertpapieren, die Beratung bei Fusionen und Übernahmen sowie die Erbringung anderer Finanzdienstleistungen. Investmentbanken spielen eine entscheidende Rolle in der Wirtschaft, indem sie Unternehmen Kapital zur Verfügung stellen und ihnen helfen, zu wachsen. Sie beraten und beraten auch Start-ups und andere Unternehmen, die expandieren möchten.

Investmentbanken spielen eine Schlüsselrolle für das Wachstum von Unternehmen. Sie stellen Unternehmen Kapital in Form von Fremd- und Eigenkapitalfinanzierungen zur Verfügung. Mit diesem Kapital werden Expansion, Forschung und Entwicklung sowie Akquisitionen finanziert. Investmentbanken beraten und beraten Unternehmen auchbei der optimalen Verwendung ihres Kapitals und der Strukturierung ihrer Finanzen. Dieser Rat ist von unschätzbarem Wert, um Unternehmen zu helfen, zu wachsen und erfolgreich zu sein.

Investmentbanken beraten auch bei Fusionen und Übernahmen. Sie können Unternehmen helfen,potenzielle Akquisitionsziele zu identifizieren und Ratschläge zur Strukturierung des Geschäfts zu geben. Dies ist vorteilhaft für Unternehmen, die ihre Geschäftstätigkeit erweitern oder neue Märkte erschließen möchten.

Investmentbanken können auch eine Schlüsselrolle dabei spielen, Start-ups zu Wachstum und Erfolg zu verhelfen. Sie können Start-ups Kapital in Form von Risikokapital oder Fremdfinanzierung zur Verfügung stellen. Dieses Kapital wird zur Finanzierung von Forschung und Entwicklung, Marketing und anderen Aktivitäten verwendet. Investmentbanken können auch Ratschläge und Anleitungen geben, wie das Geschäft strukturiert und das Kapital am besten eingesetzt werden kann. Dieser Rat ist für Start-ups von unschätzbarem Wert, wenn sie wachsen und erfolgreich sein wollen.

Investmentbanken spielen eine entscheidende Rolle in der Wirtschaft, indem sie Unternehmen Kapital zur Verfügung stellen und ihnen beim Wachstum helfen.

Kreditgenossenschaften

Kreditgenossenschaften sind eine Art von Finanzinstitut, das Bankdienstleistungen für Mitglieder erbringt, die eine gemeinsame Anleihe, wie z. B. einen Arbeitsplatz oder eine Gemeinschaft, teilen. Kreditgenossenschaften sind gemeinnützige Organisationen, die sich im Besitz ihrer Mitglieder befinden und von diesen betrieben werden. Sie bieteneine Vielzahl von Dienstleistungen an, darunter

Sparkonten, Girokonten, Kredite und andere Finanzdienstleistungen.

Kreditgenossenschaften haben eine lange Geschichte der Bereitstellung von Finanzdienstleistungen für ihre Mitglieder, und sie sind in den letzten Jahren als Alternative zu traditionellen Banken immer beliebter geworden. Kreditgenossenschaften bieten ihren Mitgliedern viele Vorteile, darunter niedrigere Gebühren, niedrigere Zinssätze und einen persönlicheren Service.

Kreditgenossenschaften wirken sich positiv auf das Unternehmenswachstum und die Unternehmensgründung aus. Kreditgenossenschaften gewährenUnternehmen Zugang zu Kapital, das zur Finanzierung neuer Projekte, zur Einstellung neuer Mitarbeiter und zum Kauf von Ausrüstung verwendet wird. Kreditgenossenschaften bieten auch niedrigere Zinssätze für Kredite als traditionelle Banken, was es Unternehmen erleichtert, auf das Kapital zuzugreifen, das sie für das Wachstum benötigen.

Kreditgenossenschaften bieten ihren Mitgliedern auch Zugang zu finanzieller Bildung und Beratung, was für Unternehmen von Vorteil ist. Kreditgenossenschaften bieten oft Seminare und Workshops zu Themen wie Budgetierung, Kreditmanagement und Geschäftsplanung an. Dies kann Unternehmen helfen, fundiertere Entscheidungen über ihre Finanzen zu treffen und ihre Ressourcen besser zu nutzen.

Kreditgenossenschaften bieten ihren Mitgliedern auch

ein Gefühl der Gemeinschaft und Unterstützung. Kreditgenossenschaften veranstalten oft Veranstaltungen und Aktivitäten, die Mitglieder zusammenbringen und ein Gefühl der Kameradschaft vermitteln. Dies ist für Unternehmen von Vorteil, da es dazu beitragen kann, die Beziehungen zwischen den Mitgliedern zu fördern und ein Netzwerk potenzieller Kunden und Partner zu schaffen.

Kreditgenossenschaften wirken sich positiv auf das Wachstum und die Gründung von Unternehmen aus. Sie ermöglichen den Zugang zu Kapital.

Finanzinstitutionen für die Entwicklung der Gemeinschaft

Community Development Financial Institutions (CDFIs) sind spezialisierte Finanzinstitute, die benachteiligten Bevölkerungsgruppen und Gemeinschaften Zugang zu Kapital und Finanzdienstleistungen bieten. CDFIs sind in der Regel gemeinnützige Organisationen, die vom US-Finanzministerium zertifiziert sind. Sie stellen Kleinunternehmen, Unternehmern und einkommensschwachen Gemeinschaften, die möglicherweise keinen Zugang zu traditionellen Bankdienstleistungen haben, Kapital zur Verfügung. CDFIs sind immer wichtiger geworden, um unterversorgten Bevölkerungsgruppen und Gemeinschaften Zugang zu Kapital und Finanzdienstleistungen zu verschaffen.

CDFIs bieten Unternehmern, kleinen Unternehmen und einkommensschwachen Gemeinschaften, die möglicherweise keinen Zugang zu traditionellen

Bankdienstleistungen haben, Zugang zu Kapital und Finanzdienstleistungen. Dieser Zugang zu Kapital und Finanzdienstleistungen kann Unternehmen helfen, zu wachsen und zu expandieren. CDFI bieten auch technische Hilfe und Unternehmensschulungen an, um Unternehmern und kleinen Unternehmen zum Erfolg zu verhelfen. Diese Unterstützung kann Unternehmen helfen, effektive Geschäftspläne zu entwickeln und umzusetzen, auf Kapital zuzugreifen und ihre Finanzen zu verwalten.

Start-ups und kleine Unternehmen haben oft keinen Zugang zu traditionellen Bankdienstleistungen und Kapital. CDFI könnenZugang zu Kapital bieten, um Start-ups und kleinen Unternehmen zu helfen, auf den Weg zu kommen und zu wachsen. Dieser Zugang zu Kapital kann Unternehmen helfen, zu expandieren, mehr Mitarbeiter einzustellen und ihre Einnahmen zu steigern.

Mezzanine-Finanzierung

Mezzanine-Finanzierung ist eine Kapitalform, die zur Finanzierung von Unternehmenswachstum und Start-ups verwendet wird. Es ist eine Mischung aus Fremd- und Eigenkapitalfinanzierung und wird typischerweise verwendet, wenn traditionelle Fremdfinanzierung nicht verfügbar oder nicht ausreichend ist. Die Mezzanine-Finanzierung ist eine beliebte Finanzierungsform für Start-ups und kleine Unternehmen, da sie relativ einfach zu erhalten ist und flexible Konditionen bietet.

Die Mezzanine-Finanzierung ist in der Regel als Darlehen mit einem höheren Zinssatz als ein herkömmliches Darlehen strukturiert. Das Darlehen ist durch das Vermögen des Unternehmens besichert, aber der Darlehensgebererhält auch eine Kapitalbeteiligung an der Gesellschaft. Diese Kapitalbeteiligung gibt dem Kreditgeber ein höheres Maß an Kontrolle über die Geschäftstätigkeit des Unternehmens. Die Kapitalbeteiligung bietet dem Kreditgeber auch das Potenzial für eine höhere Rendite seiner Investition, wenn das Unternehmenerfolgreich ist.

Die Mezzanine-Finanzierung ist eine Möglichkeit, Geschäftswachstum und Start-ups zu finanzieren. Es bietet dem Unternehmen das Kapital, das es benötigt, um zu expandieren und zu wachsen, und bietet dem Kreditgeber gleichzeitig das Potenzial für eine höhere Rendite seiner Investition. Die Flexibilität der Konditionen und die Möglichkeit, schnell eine Finanzierung zu erhalten, machen es für viele Unternehmen zu einer attraktiven Option.

Mezzanine-Finanzierungen können auch für Start-ups von Vorteil sein. Es kann das Kapital bereitstellen, das für die Gründung eines Unternehmens benötigt wird, und die Kapitalbeteiligung gibt dem Kreditgeber ein höheres Maß an Kontrolle über die Geschäftstätigkeit des Unternehmens. Dies ist für Start-ups von Vorteil, da es dem Kreditgeber die Sicherheit geben kann, dass das Unternehmen ordnungsgemäß geführt wird.

Die Mezzanine-Finanzierung ist ein wunderbarer Prozess zur Finanzierungvon Unternehmenswachstum und Start-ups. Es stellt dem Unternehmen das Kapital zur Verfügung, das es benötigt, um zu expandieren und zu wachsen.

Lizenzgebührenfinanzierung

Royalty-Finanzierung ist eine Form der Kapitalinvestition, die es einem Unternehmen ermöglicht, Vorabkapital von Investoren im Austausch füroder einen Prozentsatz zukünftiger Verkäufe zu erhalten. Diese Art der Finanzierung ist sowohl für das Unternehmen als auch für den Investor von Vorteil, da sie dem Unternehmen das Kapital zur Verfügung stellt, das es benötigt, um zu wachsen, und dem Investor eine Rendite auf seine Investition bietet.

Lizenzgebührenfinanzierung ist eine großartige Lösungfür Start-ups und kleine Unternehmen, die Kapital benötigen, aber nicht über die finanziellen Ressourcen verfügen, um eine traditionelle Finanzierung zu sichern. Es ermöglicht ihnen, Vorabkapital zu erhalten, ohne Eigenkapital aufgeben oder zusätzliche Schulden aufnehmen zu müssen. Diese Art der Finanzierungermöglicht es dem Unternehmen, die Kontrolle über sein Geschäft zu behalten, da es nicht verpflichtet ist, Eigentum oder Kontrolle an den Investor abzugeben.

Lizenzgebühren können auch für Investoren von Vorteil sein, da sie ihnen einen stetigen Einkommensstrom bieten. Der InveStor erhält einen Prozentsatz des Umsatzes des Unternehmens, was eine große Quelle für passives Einkommen ist. Diese Art der Finanzierung ermöglicht es den Anlegern auch, ihr Portfolio zu diversifizieren, da sie in mehrere Unternehmen investieren und eine Rendite erzielen können, ohneein zusätzliches Risiko eingehen zu müssen.

Die Auswirkungen von Lizenzgebühren auf das Unternehmenswachstum und Start-ups sind erheblich. Indem Unternehmen das Kapital zur Verfügung stellen, müssen sie wachsen. Lizenzgebühren können ihnen helfen, ihre Geschäftstätigkeit zu erweitern und ihre Möglichkeiten zu erweitern. Dies kann zu höheren Gewinnen und einem größeren Marktanteil führen, was dem Unternehmen helfen kann, in seiner Branche wettbewerbsfähiger zu werden.

Für Start-ups kann die Lizenzfinanzierung das Kapital bereitstellen, das sie benötigen, um ihr Geschäft auf den Weg zu bringen. Es kann ihnen helfen, ihr Produkt oder ihre Dienstleistung auf den Markt zu bringen und schneller auf den Markt zu bringen, so dass sie früher Einnahmen generieren können. Dies kann ihnen einen Wettbewerbsvorteil verschaffen

Social Impact Bonds

Social Impact Bonds (SIBs) sind eine neue Finanzierungsform, die sich in den letzten Jahren als Mittel zur Finanzierung von Sozialprogrammen herauskristallisiert hat. Sie sind eine Art öffentlich-private Partnerschaft, die es privaten Investoren ermöglicht, Sozialprogramme im Austausch für eine Rendite ihrer Investition zu finanzieren, wenn das Programm erfolgreich ist. SIBs sollen Regierungen und gemeinnützigen Organisationen helfen, innovative Sozialprogramme zu finanzieren, die das Potenzial haben, das Leben von Bürgern und Gemeinschaften zu verbessern.

Die Idee hinter SIBs ist, dass private Investoren das Vorabkapital zur Finanzierung eines Sozialprogramms bereitstellen und dann eine Rendite auf ihre Investition erhalten, wenn das Programm erfolgreich ist. Diese Rendite basiert auf den Ergebnissen des Programms, wie z. B. reduzierten Kriminalitätsraten oder verbesserten Bildungsergebnissen. Wenn das Programm erfolgreich ist, zahlt die Regierung oder gemeinnützige Organisation die Investors mit einer Rendite auf ihre Investition zurück.

SIBs haben das Potenzial, ein leistungsfähiges Instrument für Regierungen und gemeinnützige Organisationen zu sein, um innovative Sozialprogramme zu finanzieren. Sie können verwendet werden, um Programme zu finanzieren, die möglicherweise nicht für eine traditionelle staatliche Finanzierung in Frage kommen, z. B. Programme, die sich auf die Verbesserung der Bildungsergebnisse konzentrieren. Sie bieten auch einen Anreiz für private Investoren, Programme zu finanzieren, die für traditionelle Anleger möglicherweise nicht attraktiv sind.

SIBs haben das Potenzial, ein leistungsstarkes Instrument für Unternehmenswachstum undStar-T-ups zu sein. Durch die Bereitstellung einer Kapitalquelle für innovative Sozialprogramme können SIBs Start-ups und kleinen Unternehmen helfen, Zugang zu dem Kapital zu erhalten, das sie für Wachstum und Erfolg benötigen. SIBs können auch einen Anreiz für Investoren bieten, in Start-ups und kleine Unternehmen zu investieren, da sie eine Rendite auf ihre Investition erhalten können, wenn das Programm erfolgreich ist.

Firmen-Sponsoring

Unternehmenssponsoring ist eine immer beliebtere Möglichkeit für Unternehmen, Sichtbarkeit und Anerkennung auf dem Markt zu erlangen. Ein Unternehmenssponsoring ist eine Vereinbarung zwischen einem Unternehmen und einer Organisation oder Einzelperson, in der das Unternehmen finanzielle oder andere Unterstützung im Austausch für die Unterstützung der Produkte oder Dienstleistungen des Unternehmens durch die Organisation oder Einzelperson leistet. Unternehmenssponsoring kannvon kleinen lokalen Veranstaltungen bis hin zu großen nationalen Kampagnen reichen.

Der Hauptvorteil von Unternehmenssponsoring ist eine erhöhte Sichtbarkeit und Markenbekanntheit. Durch das Sponsoring einer Veranstaltung oder Organisation können Unternehmen ein breites Publikum erreichen und ein positives Image ihrer Marke schaffen. Dies kann zu mehr Umsatz und Kundenbindung führen. Darüber hinaus kann Unternehmenssponsoring dazu beitragen, Beziehungen zu Kunden, Partnern und anderen Interessengruppen aufzubauen.

Unternehmenssponsoring kann sich auch positiv auf Unternehmenswachstum und Start-ups auswirken. Durch das Sponsoring einer Veranstaltung oder Organisation können Unternehmen Zugang zu neuen

Kunden und potenziellen Partnern erhalten. Dies kann zu höheren Umsätzen und Umsätzen sowie zu einem höheren Marktanteil führen. Unternehmenssponsoring kann dazu beitragen, Beziehungen zu potenziellen Investoren und Partnern aufzubauen, was zu mehr Finanzmitteln und Ressourcen führen kann.

Unternehmenssponsoring kann dazu beitragen, ein positives Image in der Öffentlichkeit für Unternehmen zu schaffen. Durch das Sponsoring einer Veranstaltung oder Organisation können Unternehmen ihr **Engagement für die** Gemeinschaft und ihre Bereitschaft demonstrieren, Anliegen zu unterstützen, die für ihre Kunden wichtig sind. Dies kann dazu beitragen, Vertrauen und Loyalität bei den Kunden aufzubauen, was zu mehr Umsatz und Kundenbindung führen kann.

Zusammenfassend lässt sich sagen, dass Corporate Sponsorships einen positiven Einfluss auf das Unternehmenswachstum und Start-ups haben kann. Durch die Bereitstellung finanzieller oder anderer Unterstützung im Austausch für die Unterstützung der Produkte oder Dienstleistungen des Unternehmens durch die Organisation oder den Einzelnen können Unternehmen eine erhöhte Sichtbarkeit, Markenbekanntheitund Zugang zu neuen Kunden erhalten.

Online-Fundraising-Plattformen

Online-Fundraising-Plattformen sind in den letzten Jahren immer beliebter geworden, da sie Unternehmern und Unternehmen eine einfache und effiziente Möglichkeit bieten, Geld für ihre Projekte zu sammeln. Online-Fundraising-Plattformen ermöglichen es Unternehmern und Unternehmen, ein größeres Publikum zu erreichen und mehr Geld zu sammeln als herkömmliche Fundraising-Methoden.

Online-Fundraising-Plattformen haben einen erheblichen Einfluss auf das Geschäftswachstum. Diese Plattformen ermöglichen es Unternehmen, ein größeres Publikum als herkömmliche Fundraising-Methoden zu erreichen, was dazu führen kann, dass mehr Geld gesammelt wird. Online-Fundraising-Plattformen sind oft kostengünstiger als herkömmliche Methoden, da sie weniger Zeit und Aufwand für die Einrichtung einesD-Managements erfordern. Dies kann dazu führen, dass Unternehmen Geld sparen und in andere Geschäftsbereiche investieren können.

Darüber hinaus können Online-Fundraising-Plattformen Unternehmen helfen, Beziehungen zu ihren Spendern aufzubauen. Diese Plattformen ermöglichen es Unternehmen,mit ihren Spendern zusammenzuarbeiten und sie über ihre Fortschritte zu informieren. Dies kann dazu beitragen, Vertrauen zwischen dem Unternehmen und seinen Spendern aufzubauen, was in Zukunft zu mehr Spenden führen kann.

Online-Fundraising-Plattformen sind oft kostengünstiger alstraditionelle Methoden, da sie weniger Zeit und Aufwand für die Einrichtung und Verwaltung erfordern. Dies kann Start-ups helfen,

Geld zu sparen und es in andere Geschäftsbereiche zu investieren.

Lokale Wirtschaftsorganisationen

Lokale Wirtschaftsorganisationen sind Organisationen, die vonlokalen Unternehmen und Unternehmern unterstützt werden, um das Wachstum von Unternehmen in ihrer Region zu fördern. Diese Organisationen können eine Vielzahl von Dienstleistungen und Ressourcen bereitstellen, um Unternehmen beim Wachstum und Erfolg zu unterstützen. Sie können Zugang zu Finanzierung, Mentoring, Netzwerkmöglichkeiten, Geschäftsberatung, Ressourcen und mehr bieten.

Der Einfluss lokaler Unternehmensorganisationen auf Unternehmenswachstum und Start-ups ist erheblich. Diese Organisationen bieten eine Plattform für Unternehmen, um sich miteinander zu verbinden und zusammenzuarbeiten, was zu mehr Innovation und Wachstum führen kann. Sie können auch Zugang zu Ressourcen und Ratschlägen bieten, die Unternehmen zum Erfolg verhelfen können.

Lokale Wirtschaftsorganisationen können auch dazu beitragen, ein Gemeinschaftsgefühl zwischen Unternehmen in der Region zu schaffen. Dies kann zu mehr Kooperations- und Networking-Möglichkeiten führen, was dazu beitragen kann, das Geschäftswachstum voranzutreiben. Sie können auch Zugang zu Finanzmitteln bieten, was für Start-ups und kleine Unternehmen von unschätzbarem Wert ist.

Lokale Wirtschaftsorganisationen können auch dazu

beitragen,die lokale Wirtschaft zu fördern. Durch die Bereitstellung von Ressourcen und Beratung für Unternehmen können sie zur Schaffung von Arbeitsplätzen und zur Stimulierung des Wirtschaftswachstums beitragen. Dies kann sich positiv auf die Region auswirken, da Unternehmen wachsen und zur lokalen Wirtschaft beitragen können.

Zusammenfassend lässt sich sagen, dass lokale Unternehmensorganisationen einen erheblichen Einfluß auf das Unternehmenswachstum und die Unternehmensgründung haben können. Sie können Zugang zu Ressourcen, Beratung und Finanzierung bieten und ein Gemeinschaftsgefühl zwischen Unternehmen in der Region schaffen. Dies kann dazu beitragen, das Unternehmenswachstum voranzutreiben und das Wirtschaftswachstum in der Region zu stimulieren.

Lokale Banken

Lokale Banken spielen eine entscheidende Rolle für das Wirtschaftswachstum einer Region. Sie bieten Finanzdienstleistungen für Einzelpersonen, Unternehmen und Organisationen an und tragen durchden Zugang zu Kapital zur Stimulierung des wirtschaftlichen Wachstums bei. Lokale Banken bieten auch eine Vielzahl von Dienstleistungen für Unternehmen an, z. B. Geschäftskredite, Kreditlinien und Händlerdienstleistungen. Diese Dienstleistungen können für Unternehmen, insbesondere Start-ups, von unschätzbarem Wert sein, da sie Zugangzu Kapital und die Fähigkeit zur Steuerung des Cashflows bieten.

Lokale Banken haben einen erheblichen Einfluss auf das Geschäftswachstum. Sie bieten Zugang zu Kapital, das für das Wachstum und die Expansion von Unternehmen unerlässlich ist. Unternehmen können das von lokalen Banken bereitgestellte Kapital nutzen, umAusrüstung zu kaufen, neue Mitarbeiter einzustellen und neue Standorte zu eröffnen. Lokale Banken bieten eine Vielzahl von Dienstleistungen für Unternehmen an, z. B. Geschäftskredite, Kreditlinien und Händlerdienstleistungen. Diese Dienstleistungen können Unternehmen helfen, ihren Cashflow zu verwalten, und können für Start-ups nützlich sein, da sie Zugang zu Kapital und die Möglichkeit bieten, den Cashflow zu verwalten.

Lokale Banken können besonders für Start-ups von Vorteil sein. Start-ups haben oft nur begrenzten Zugang zu Kapital, und lokale Banken können das notwendige Kapital bereitstellen, umsie auf den Weg zu bringen.

Lokale Investoren

Lokale Investoren können einen erheblichen Einfluss auf das Wachstum von Unternehmen und Start-ups haben. Lokale Investoren sind Einzelpersonen oder Organisationen, die in Unternehmen oder Start-ups in ihrer Region investieren. Sie können Kapital, Ressourcen und Fachwissen bereitstellen, um Unternehmen und Start-ups beim Wachstum und Erfolg zu unterstützen.

Die Vorteile lokaler Investoren sind zahlreich. Lokale Investoren können Unternehmen und Start-ups, die möglicherweise keinen Zugang zu traditionellen Finanzierungsquellen haben, Kapital zur Verfügung stellen. Sie können auch Beratung und Anleitung anbieten, um Unternehmen und Start-ups zu helfen, bessere Entscheidungen zu treffen. Lokale Investoren können Zugang zu Netzwerken und Ressourcen bieten, die Unternehmen und Start-ups beim Wachstum helfen können.

Lokale Investoren können sich auch positivauf die lokale Wirtschaft auswirken. Durch Investitionen in lokale Unternehmen und Start-ups können lokale Investoren dazu beitragen, Arbeitsplätze zu schaffen, das Wirtschaftswachstum anzukurbeln und Steuereinnahmen zu generieren. Dies kann dazu beitragen, eine dynamischere und wohlhabendere lokale Wirtschaft zu schaffen.

Lokale Investoren können dazubeitragen, Innovation und Unternehmertum zu fördern. Durch Investitionen in lokale Unternehmen und Start-ups können lokale Investoren dazu beitragen, ein Umfeld zu schaffen, das Innovation und Unternehmertum fördert. Dies kann zur Entwicklung neuer Produkte und Dienstleistungen führen, die neue Arbeitsplätze und wirtschaftliche Möglichkeiten schaffen können.

Lokale Investoren können dazu beitragen, ein Gemeinschaftsgefühl zu schaffen. Durch Investitionen in lokale Unternehmen und Start-ups können lokale Investoren dazu beitragen, ein Gefühl von Stolz und Eigenverantwortung in der lokalen Gemeinschaft zu schaffen. Dies kannein stärkeres Gemeinschaftsgefühl schaffen und dazu beitragen, eine dynamischere lokale Wirtschaft zu fördern.

Regionale Investmentfonds

Regional Investment Funds (RIFs) sind eine Art Risikokapitalfonds, der in Unternehmen in einer bestimmten Region investiert. RIF werden inder Regel von einer professionellen Wertpapierfirma verwaltet und sollen Unternehmen in der Region Kapital zur Verfügung stellen, um das Wirtschaftswachstum und die Schaffung von Arbeitsplätzen anzukurbeln. RIF werden häufig zur Finanzierung von Start-ups und kleinen Unternehmen verwendet, die möglicherweise keinen Zugang zuden traditionellen Kapitalquellen haben.

Die Auswirkungen von RIFs auf das Unternehmenswachstum und Start-ups können erheblich sein. RIFs bieten Zugang zu Kapital, das möglicherweise nicht aus traditionellen Quellen wie Banken oder Risikokapitalfirmen stammt. Dies ist besonders vorteilhaftfür Start-ups und kleine Unternehmen, die möglicherweise nicht über die Ressourcen verfügen, um auf Kapital aus anderen Quellen zuzugreifen. RIFs können eine Kapitalquelle für Unternehmen darstellen, die möglicherweise nicht über die Sicherheiten oder die Kredithistorie verfügen, um einen Kredit von einer Bank zu sichern.

RIFs können Unternehmen auch Zugang zu erfahrenen Investoren und Beratern bieten, die Anleitung und Beratung geben können, wie das Kapital am besten für das Wachstum des Unternehmens eingesetzt werden kann. Dies ist besonders vorteilhaft für Start-ups und kleine Unternehmen, die möglicherweise keinen Zugang zu erfahrenenBeratern haben.

RIF können auch zur Schaffung von Arbeitsplätzen in der Region beitragen. Durch Investitionen in Unternehmen in der Region können RIFs dazu beitragen, neue Arbeitsplätze zu schaffen und das Wirtschaftswachstum anzukurbeln. Dies ist besonders vorteilhaft für Regionen, die möglicherweise wirtschaftlich zu kämpfen haben.

RIFs können einen erheblichen Einfluss auf das Unternehmenswachstum und Start-ups haben. Durch den Zugang zu Kapital und erfahrenen Beratern können RIFs Unternehmen helfen, zu wachsen und Arbeitsplätze in der Region zu schaffen.

Regionale Entwicklungsbanken

Regionale Entwicklungsbanken (RDBs) sind spezialisierteFinanzinstitute, die Unternehmen, Zuschüsse und andere finanzielle Unterstützung für Unternehmen und Einzelpersonen in einer bestimmten Region gewähren. RDBs werden in der Regel von Regierungen eingerichtet, um die wirtschaftliche Entwicklung in einer bestimmten Region zu fördern und Unternehmen und Einzelpersonen, die sonst keinen Zugang zu traditionellen Finanzierungsquellen haben, Zugang zu Kapital zu verschaffen.

RDBs haben einen erheblichen Einfluss auf das Unternehmenswachstum und die Gründung von Unternehmensgründungen. Durch den Zugang zu Kapital ermöglichen RDBs Unternehmen, ihre

Geschäftstätigkeit zu erweiternund zusätzliche Mitarbeiter einzustellen. Diese erhöhte Wirtschaftstätigkeit kann zur Schaffung von Arbeitsplätzen, höheren Löhnen und zu einem erhöhten Wirtschaftswachstum in der Region führen. RDBs können Unternehmen technische Hilfe und Beratung anbieten, was ihnen helfen kann,wettbewerbsfähiger und erfolgreicher zu werden.

RDBs stellen auch Finanzierungen für Start-ups bereit, was für den Erfolg eines neuen Unternehmens entscheidend ist. Start-ups fehlt oft das Kapital, um ihr Unternehmen zu gründen, und RDBs können die notwendigen Mittel bereitstellen, um die Unternehmenauf den Weg zu bringen. RDBs können Start-ups beraten und anleiten, was ihnen helfen kann, die Komplexität der Unternehmensgründung zu meistern.

Die RDB können Einzelpersonen, die sonst keinen Zugang zu traditionellen Finanzierungsquellen haben, Zugang zu Kapital verschaffen. Dies ist besonders vorteilhaft für Personen, die sich in niedrigeren Einkommensklassen befinden oder eine schlechte Kredithistorie haben. Durch den Zugang zu Kapital können RDBs Einzelpersonen helfen, Unternehmen zu gründen, Häuser zu kaufen und andere wichtige Investitionen zu finanzieren.

Gemeinschaftliche Investitionsfonds

Community Investment Funds (CIFs) sind eine Art von Finanzinstrument, das Unternehmen und Start-ups in unterversorgten Gemeinden Kapital zur Verfügung stellt. Diese Mittel sollen dazu beitragen, die wirtschaftliche Entwicklung und die Schaffung von Arbeitsplätzen in Bereichen anzukurbeln,die von traditionellen Kreditgebern oft übersehen werden. CIFs werden in der Regel aus öffentlichen und privaten Quellen finanziert, einschließlich staatlicher Zuschüsse, Stiftungen und Unternehmensinvestitionen.

Das Hauptziel von CIFs besteht darin, Unternehmen und Start-ups in benachteiligten Gemeinden Kapital zur Verfügung zu stellen, damit sie wachsen und Arbeitsplätze schaffen können. Diese Art von Investitionen kann sich positiv auf die lokale Wirtschaft auswirken, da Unternehmen expandieren und mehr Mitarbeiter einstellen können. CIFs können dazu beitragen, Armut und Ungleichheit in der Gemeinschaft zu verringern, indem sie denjenigen, die sonst keinen Zugang zu traditioneller Finanzierung haben, Zugang zu Kapital verschaffen.

CIFs können auch Start-ups und kleinen Unternehmen einen Schub geben. Durch die Bereitstellung von Kapital für diese Unternehmen können CIFs ihnen helfen, inihren jeweiligen Märkten zu wachsen und wettbewerbsfähiger zu werden. Dies kann zu höheren Umsätzen und Gewinnen führen, was wiederum zu mehr Arbeitsplätzen und Wirtschaftswachstum in der Gemeinschaft führen kann.

CIFs können auch dazu beitragen, neue Unternehmen in die Region zu locken. Durch die Bereitstellung von Kapital für Start-ups und Einkaufszentrenkönnen CIFs dazu beitragen, ein attraktiveres Geschäftsumfeld in der Gemeinde zu schaffen. Dies kann neue Unternehmen und Unternehmer anziehen, was zu einer verstärkten Wirtschaftstätigkeit und zur Schaffung von Arbeitsplätzen führen kann.

Öffentliche Investmentfonds

Public Investment Funds (PIFs) sind staatlich geförderte Anlagevehikel, die zur Finanzierung öffentlicher Projekte und zur Stimulierung des Wirtschaftswachstums eingesetzt werden. PIFs werden in der Regel von einer Regierungsbehörde oder einer privaten Einrichtung verwaltet und können zur Finanzierung einer Vielzahl von Projekten verwendet werden, einschließlich Infrastruktur, Wohnungsbau, Bildung, Gesundheitsversorgung und Technologie.

Der Hauptzweck von PIFs besteht darin, das Wirtschaftswachstum und die Entwicklung in einer Region oder einem Land zu stimulieren. Durch Investitionen in öffentliche Projekte können PIFs dazu beitragen, Arbeitsplätze zu schaffen, neue Unternehmen anzuziehenund Einnahmen für die Regierung zu generieren. PIFs können dazu beitragen, Armut und Ungleichheit zu verringern, indem sie denjenigen, die keinen Zugang zu traditioneller Finanzierung haben, Zugang zu Kapital verschaffen.

PIFs können erhebliche Auswirkungen auf das Unternehmenswachstum und die Gründung von Unternehmen haben. Durch den Zugang zu Kapital können PIFs Unternehmern und kleinen Unternehmen helfen, auf den Weg zu kommen und zu expandieren.

PIFs können auch Zugang zu neuen Märkten und Technologien bieten, die Unternehmen helfen können, zu wachsen und wettbewerbsfähiger zu werden. PIFs können Zugang zu technischer Unterstützung und Mentoring bieten, die Unternehmen helfen können, sich zu entwickeln und erfolgreich zu sein.

PIFs können auch Auswirkungen auf die lokale Wirtschaft haben. Durch Investitionen in lokale Projekte können PIFs dazu beitragen, Arbeitsplätze zu schaffen und die Wirtschaftstätigkeit anzukurbeln. PIFs können dazu beitragen, Unternehmen und Investitionen in die Region zu locken, was zu einem erhöhten Wirtschaftswachstum führen kann.

Staatlich besicherte Kredite

Staatlich besicherte Kredite sind Kredite, die von Banken oder anderen Finanzinstituten vergeben und durch eine staatliche Garantie abgesichert sind. Diese Kredite sollen Unternehmen helfen zu wachsen und Start-ups auf den Weg zu bringen. Die Regierung gibt dem Kreditgeber eine Garantie, dass das Darlehen zurückgezahlt wird, auch wenn das Geschäft scheitert. Dies reduziert das Risiko für den Kreditgeber und erhöht die Wahrscheinlichkeit, dass er den Kredit genehmigt.

Staatlich unterstützte Kredite sind für Unternehmen von Vorteil, da sie in der Regel niedrigere Zinssätze haben als herkömmliche Kredite. Dies macht sie für Unternehmen erschwinglicher und ermöglicht ihnen den Zugang zu dem Kapital, das sie für Wachstum und Expansion benötigen. Diese Loanshaben oft flexiblere Rückzahlungsbedingungen, wodurch sie leichter zu verwalten   sind.

Staatlich unterstützte Kredite können Unternehmen auch dabei helfen, Zugang zu Kapital zu erhalten, das sie möglicherweise nicht von traditionellen Kreditgebern erhalten können. Dies gilt insbesondere für Start-ups, denen oft die notwendige Bonität oder Sicherheiten fehlen, um einen Kredit von einer Bank abzusichern. Staatlich gesicherte Kredite können das notwendige Kapital bereitstellen, um ein Unternehmen auf den Weg zu bringen.

Die Verfügbarkeit von staatlich gesicherten Krediten kann sich auch positiv auf die Wirtschaft auswirken. Indem sie Unternehmen Zugang zu Kapital verschaffen, können diese Darlehen zur Schaffung von Arbeitsplätzen beitragen und das Wirtschaftswachstum ankurbeln. Die niedrigeren Zinssätze, die mit diesen Darlehen verbunden sind, können Unternehmen helfen, Geld zu sparen, das in das Unternehmen reinvestiert oder zur Einstellung von mehr Mitarbeitern verwendet werden kann.

Investmentgesellschaften für kleine Unternehmen

Small Business Investment Companies (SBICs) sind private Risikokapitalgesellschaften, die kleinen Unternehmen Kapital und Unterstützung zur Verfügung stellen. Diese Unternehmen werden von der Small Business Administration(SBA) lizenziert und reguliert und sollen kleinen Unternehmen helfen, zu wachsen und zu expandieren. SBICs bieten eine Vielzahl von Dienstleistungen an, darunter Risikokapital, Fremdfinanzierung und

Managementunterstützung.

SBICs bieten eine wertvolle Kapitalquelle für kleine Unternehmen, insbesondere für diejenigen,die keine Finanzierung aus traditionellen Quellen erhalten können. SBICs können eine Vielzahl von Finanzierungsoptionen anbieten, einschließlich Eigenkapitalinvestitionen, Fremdfinanzierung und Risikokapital. SBICs bieten auch Managementunterstützung, wie strategische Planung, Marktforschungund Dienstleistungen zur Geschäftsentwicklung.

Die Auswirkungen von SBICs auf das Unternehmenswachstum und die Unternehmensgründung sind erheblich. SBICs bieten eine Kapitalquelle, die kleinen Unternehmen aus traditionellen Quellen oft nicht zur Verfügung steht. Dieses Kapital ermöglicht es kleinen Unternehmen, ihre Geschäftstätigkeit zu erweitern, zusätzliche Mitarbeiter einzustellen und neue Ausrüstung zu kaufen. Darüber hinaus kann die von SBICs bereitgestellte Managementunterstützung kleinen Unternehmen helfen, effektive Strategien für Wachstum und Erfolg zu entwickeln.

SBICs bieten auch eine wertvolleKapitalquelle für Start-ups. Start-ups fehlt oft das nötige Kapital, um ihr Unternehmen zu gründen und zu wachsen. SBICs können das notwendige Kapital bereitstellen, um Start-ups beim Start und Wachstum zu unterstützen. Darüber hinaus kann die Managementunterstützung durch SBICsStart-ups helfen, effektive Strategien für Wachstum und Erfolg zu entwickeln.

Nachrangige Schuldtitel

Nachrangige Schuldtitel sind eine Art von Schulden, die im Falle der Liquidation eines Unternehmens eine niedrigere Priorität haben als andere Schuldenverpflichtungen. Es wird auch als nachrangiges Darlehen oder nachrangiges Darlehen bezeichnet. Nachrangige Schuldtitel sind in der Regel unbesichert und haben höhere Zinssätze als andere Formen von Schulden.

Nachrangige Schuldtitel sind ein nützliches Instrument für Unternehmen zur Kapitalbeschaffung. Es bietet eine Finanzierungsquelle, die nicht so teuer ist wie Aktien und zur Finanzierung einer Vielzahl von Aktivitäten wie Expansion, Akquisitionen und Refinanzierung verwendet wird. Nachrangige Schuldtitel können auch verwendet werden, um die Hebelwirkung eines Unternehmens zu erhöhen, was dazu beitragen kann, die Renditen für die Aktionäre zu erhöhen.

Nachrangige Verbindlichkeiten sindfür Start-ups von Vorteil, da sie ihnen helfen können, die Finanzierung zu sichern, ohne auf Eigenkapital im Unternehmen verzichten zu müssen. Es kann auch verwendet werden, um Aktivitäten zu finanzieren, die sonst für das Unternehmen zu kostspielig wären, um sie mit Eigenkapital zu finanzieren.

Nachrangige Schuldtitel können auchfür Unternehmen, die wachsen wollen, von entscheidender Bedeutung sein. Es kann eine Finanzierungsquelle bieten, die nicht so teuer ist wie Eigenkapital und zur Finanzierung von Aktivitäten wie Expansion, Akquisitionen und Refinanzierung verwendet wird. Die Verwendung von nachrangigen Schuldtiteln kann auch dazu beitragen, die Verschuldung eines Unternehmens zu erhöhen, was dazu beitragen kann, die Renditen für die Aktionäre zu erhöhen.

Nachrangige Schuldtitel können auch dazu beitragen, das Risiko des Ausfalls eines Unternehmens zu verringern. Im Falle der Liquidation eines Unternehmens werden nachrangige Gläubiger nach anderen Gläubigern bezahlt, was dazu beitragen kann, das Verlustrisiko für das Unternehmen zu verringern.

Steuererhöhungsfinanzierung

Tax Increment Financing (TIF) ist ein öffentliches Finanzierungsinstrument zur Finanzierung öffentlicher Infrastruktur- und Entwicklungsprojekte. Es ist eine Möglichkeit für lokale Regierungen, Projekte zu finanzieren, die sonst zu teuer wären, um sie mit traditionellen Mitteln zu finanzieren. TIF wird verwendet, um private Investitionen anzuziehen und das Wirtschaftswachstum in einem bestimmten Bereich anzukurbeln.

TIF funktioniert, indem es einer lokalen Regierung ermöglicht, die erhöhten Grundsteuereinnahmeneines Entwicklungsprojekts zu erfassen und zur Finanzierung des Projekts zu verwenden. Die erhöhten Grundsteuereinnahmen werden als "Steuererhöhung" bezeichnet und sind die Differenz zwischen dem

Betrag der Grundsteuereinnahmen, die vor dem Projekt generiert wurden, und dem Betrag, der nachAbschluss des Projekts generiert wurde.

TIF ist eine attraktive Finanzierungsoption für Unternehmen, da es ihnen ermöglicht, auf Mittel für Projekte zuzugreifen, ohne zusätzliche Schulden aufnehmen zu müssen. Dies ist besonders vorteilhaft für Start-ups und kleine Unternehmen, die möglicherweise keinen Zugang zu traditionellen Finanzierungsmöglichkeiten haben.

TIF kann auch zur Finanzierung öffentlicher Infrastrukturprojekte wie Straßen, Brücken und öffentlicher Verkehrsmittel verwendet werden. Diese Projekte können dazu beitragen, ein attraktiveres Umfeld für Unternehmen zu schaffen, was zu mehrWirtschaftswachstum und zur Schaffung von Arbeitsplätzen führen kann.

TIF kann auch zur Finanzierung öffentlicher Dienstleistungen wie Schulen, Bibliotheken und Parks verwendet werden. Diese Dienstleistungen können dazu beitragen, ein attraktiveres Umfeld für Unternehmen zu schaffen, was zu mehr Wirtschaftswachstum und zur Schaffung von Arbeitsplätzen führen kann.

Unbesicherte Geschäftskredite

Ungesicherte Geschäftskredite sind eine Art der Finanzierung, bei der keine Sicherheiten als Sicherheit verwendet werden müssen. Sie werden oft von kleinen Unternehmen und Start-ups verwendet, um ihren

Betrieb und ihr Wachstum zu finanzieren.

Der Hauptvorteil vonunbesicherten Geschäftskrediten besteht darin, dass sie leichter zu erhalten sind als gesicherte Kredite. Dies liegt daran, dass der Kreditgeber sich keine Sorgen machen muss, dass der Kreditnehmer mit dem Kredit in Verzug gerät, da es keine Sicherheiten gibt, die im Falle eines Ausfalls wieder in Besitz genommen werden können. Dies macht sie attraktivfür Unternehmen, die möglicherweise nicht über die Vermögenswerte verfügen, um einen Kredit zu sichern.

Ein weiterer Vorteil von unbesicherten Geschäftskrediten ist, dass sie Unternehmen schnell Zugang zu Kapital verschaffen können. Dies ist besonders für Start-ups von Vorteil, da sie oft schnell Zugang zu Finanzmitteln benötigen, um ihr Geschäft auf den Weg zu bringen.

Der Nachteil von unbesicherten Geschäftskrediten ist, dass sie tendenziell höhere Zinssätze haben als besicherte Kredite. Dies liegt daran, dass der Kreditgeber mehr Risiko eingeht, indem er im Falle eines Ausfalls keine Sicherheiten hat, um sie wieder in Besitz zu nehmen.

Darüber hinaus sind unbesicherte Geschäftskredite schwer zu erhalten. Dies liegt daran, dass Kreditgeber oft zögern, Geld an Unternehmen zu verleihen, die keine Vermögenswerte haben, um das Darlehen zu sichern.

Trotz der höheren Zinssätze und der Schwierigkeit, sie zu erhalten, sind unbesicherte Geschäftskredite gut für Unternehmen, um schnell auf Kapital zuzugreifen. Dies ist besonders für Start-ups von Vorteil, da sie oft schnell Zugang zu Finanzmitteln benötigen, um ihr Geschäft auf den Weg zu bringen.

USDA Geschäftskredite

Das UnitedS tates Department of Agriculture (USDA) vergibt Unternehmenskredite an kleine Unternehmen und Start-ups in ländlichen Gebieten. Diese Darlehen sollen Unternehmen helfen, zu wachsen und zu expandieren, Arbeitsplätze zu schaffen und die lokale Wirtschaft zu verbessern. Das USDA vergibt sowohl direkte als auch garantierteDarlehen an Unternehmen, und die Bedingungen variieren je nach Art des Darlehens.

Direkte Darlehen werden direkt vom USDA an das Unternehmen vergeben. Diese Kredite werden in der Regel für die Geschäftsexpansion, den Kauf von Ausrüstung und das Betriebskapital verwendet. Die Bedingungen des Darlehens können variieren, beinhalten aber in der Regel einen festen Zinssatz und Rückzahlungsbedingungen von bis zu 30 Jahren. Die Höhe des Kredits richtet sich nach der Bonität des Kreditnehmers und dem Verwendungszweck des Kredits.

Garantierte Darlehen werden von privaten Kreditgebern gewährt, aber vom USDA unterstützt. Diese Darlehen werden in der Regel für Unternehmensgründungen und -erweiterungen verwendet, und die Bedingungen des Darlehens werden vom Kreditgeber festgelegt. Die Höhe des Darlehens richtet sich nach der Bonität des Kreditnehmers und dem Zweck des Darlehens.

Das USDA-Geschäftskreditprogramm hat sich positiv auf Unternehmen und Start-ups in ländlichen Gebieten ausgewirkt. Diese Darlehen haben es den Unternehmen ermöglicht, zu expandieren und Arbeitsplätze zu schaffen, was zur Verbesserung der lokalen Wirtschaft beigetragen hat. Die Darlehen haben es den Unternehmen auch ermöglicht, Ausrüstung und Betriebskapital zu kaufen, was ihnen geholfen hat, wettbewerbsfähiger und profitabler zu werden.

Lieferantenfinanzierung

Lieferantenfinanzierung ist eine Art der Finanzierung, die von einem Lieferanten oder Lieferanten einem Kunden zur Verfügung gestellt wird. Es handelt sich um eine Form der kurzfristigenFinanzierung, die verwendet wird, um Waren oder Dienstleistungen von einem Verkäufer oder Lieferanten zu kaufen. Lieferantenfinanzierung wird häufig von Unternehmen verwendet, um Inventar, Ausrüstung oder andere Waren und Dienstleistungen von einem Lieferanten oder Lieferanten zu kaufen.

Die Lieferantenfinanzierung ist für den Anbieter und den Kunden von Vorteil. Für den Verkäufer kann es einen stetigen Einkommensstrom bieten und dazu beitragen, die Kundenbindung aufzubauen. Für den Kunden kann es Zugang zu benötigten Waren und

Dienstleistungen bieten, ohne im Voraus bezahlen zu müssen. Dies ist besonders vorteilhaft fürkleine Unternehmen und Start-ups, die möglicherweise nicht über die Ressourcen verfügen, um große Anschaffungen im Voraus zu bezahlen.

Lieferantenfinanzierungen können sich positiv auf das Unternehmenswachstum und die Unternehmensgründung auswirken. Der Zugang zu benötigten Waren und Dienstleistungen ohne Vorauszahlung kann dazu beitragen, Kosten zu senken und den Cashflow zu erhöhen. Dies kann Unternehmen helfen, zu wachsen und zu expandieren, und es ihnen ermöglichen, Chancen zu nutzen, die ohne die Finanzierung möglicherweise nicht verfügbar gewesen wären.

Auch für Sta rt-ups kann eine Lieferantenfinanzierung von Vorteil sein. Der Zugang zu benötigten Waren und Dienstleistungen ohne Vorauszahlung kann dazu beitragen, Kosten zu senken und den Cashflow zu erhöhen. Dies kann Start-ups helfen, auf den Weg zu kommen und Einnahmen zu generieren. Es kann auch dazu beitragen, die Kundenbindung aufzubauen, da Kunden eher von einem Anbieter kaufen, der eine Finanzierung bereitstellt.

Frauen-Business-Center

Women's Business Centres (WBCs) sind eine Art Gründerzentrum, das Unternehmerinnen Ressourcen und Unterstützung zur Verfügung stellt. WBCs sollen Frauen helfen, ihr Unternehmen zu gründen, auszubauen und zu erhalten. Sie bieten eine Reihe von

Dienstleistungen an, darunterUnternehmensentwicklung, Finanzkompetenz, Zugang zu Kapital, Mentoring und Networking-Möglichkeiten. WBCs bieten auch Zugang zu Ressourcen wie Marktforschung, Business Coaching und Rechtsberatung.

Die Auswirkungen von WBCs auf das Unternehmenswachstum und die Start-ups sind erheblich. WBCs bieten die Ressourcen und die Unterstützung, die Frauen benötigen, um ihr Unternehmen zu gründen und auszubauen. Sie bieten Zugang zu Kapital, Mentoring und Networking-Möglichkeiten, was für Unternehmer von unschätzbarem Wert ist. WBCs bieten auch Zugang zu Ressourcenwie Marktforschung, Business Coaching und Rechtsberatung, die Unternehmern helfen können, fundierte Entscheidungen zu treffen und ihre Erfolgschancen zu erhöhen.

Es hat sich auch gezeigt, dass WBCs einen positiven Einfluss auf das Wirtschaftswachstum von Gemeinden haben. Studien haben gezeigt, dass WBCs einen positiven Effekt auf die Schaffung von Arbeitsplätzen, die wirtschaftliche Entwicklung und die allgemeine wirtschaftliche Gesundheit der Gemeinden haben. Es wurde auch festgestellt, dass WBCs einen positiven Effekt auf die Anzahl der von Frauen geführten Unternehmen in einem Gebiet haben, was zu einer Zunahme derWirtschaftstätigkeit führen kann.

Betriebsmitteldarlehen

Betriebsmittelkredite sind eine Art von Darlehen, das Unternehmen hilft, kurzfristige Ausgaben zu decken. Diese Darlehen werden in der Regel verwendet, um Ausgaben wie Gehaltsabrechnung, Inventar und andere Betriebskosten zu decken. Betriebsmittelkredite sind wichtig für Unternehmen, da sie die notwendigen Mittel bereitstellen, um einen reibungslosen Betrieb aufrechtzuerhalten.

Die Auswirkungen von Betriebsmittelkrediten auf das Unternehmenswachstum und die Unternehmensgründung sind erheblich. Betriebsmittelkredite bieten Unternehmen die Mittel, diesie benötigen, um kurzfristige Ausgaben zu decken und in langfristiges Wachstum zu investieren. Für Start-ups können Betriebsmittelkredite die notwendigen Mittel bereitstellen, um das Geschäft auf den Weg zu bringen. Sie werden verwendet, um Ausrüstung zu kaufen, Personal einzustellen und andere Anlaufkosten zu decken.

Betriebsmittelkredite können auch Unternehmen helfen, zu expandieren und zu wachsen. Die Mittel können verwendet werden, um zusätzliches Inventar zu kaufen, mehr Personal einzustellen und in Marketing und Werbung zu investieren. Dies kann Unternehmen helfen, neue Kunden zu erreichen und den Umsatz zu steigern. Arbeitskreditekönnen Unternehmen helfen, den Cashflow zu verwalten und das Risiko zu verringern, dass ihnen das Geld ausgeht.

ZWÖLFTES KAPITEL

Nutzen Sie Technologie zur Effizienzsteigerung

Technologie ist zu einem integralen Bestandteil des Geschäftsbetriebs in der modernen Welt geworden. Sieermöglichte es Unternehmen, ihre Effizienz und Produktivität zu steigern und gleichzeitig die Kosten zu senken. Die Technologie hat es Unternehmen auch ermöglicht, neue Märkte und Kunden zu erreichen und ihnen gleichzeitig neue Wachstums- und Expansionsmöglichkeiten zu bieten.

Technologie hateinen erheblichen Einfluss auf die Effizienz von Unternehmen. Die Technologie hat es Unternehmen ermöglicht, Prozesse zu automatisieren, Abläufe zu rationalisieren und Kosten zu senken. Die Automatisierung hat es Unternehmen ermöglicht, den Zeit- und Arbeitsaufwand für die Erledigung von Aufgaben zu reduzieren und gleichzeitig den Bedarf an manueller Arbeit zu reduzieren. *Die Technologie hat es Unternehmen ermöglicht, schneller und genauer auf Daten zuzugreifen und diese zu analysieren, sodass sie bessere Entscheidungen treffen und einen Wettbewerbsvorteil erzielen können.*

Die Technologie hat es Unternehmen auch ermöglicht, neue Märkte und Kunden zu erreichen. Durch den Einsatz digitaler Marketing-Tools können Unternehmen ein breiteres Publikum erreichen und ihren Kundenstamm vergrößern. Die Technologie hat es Unternehmen ermöglicht, einen besseren Kundenservice zu bieten, was zu einer erhöhten Kundenbindung undSat-Sfaction führen kann.

Technologie hat einen erheblichen Einfluss auf das Unternehmenswachstum und die Gründung von Start-ups. Die Technologie hat es Unternehmen ermöglicht, schnell und effizient zu skalieren und gleichzeitig die Geschäftskosten zu senken. Die Technologie hat es Unternehmen auch ermöglicht, neue Kunden und Kunden zu erschließen undihnen gleichzeitig neue Möglichkeiten zu bieten, zu wachsen und zu expandieren.

Mit welchen Technologien können Sie die Unternehmenseffizienz steigern?

Automatisierung von Kundendienstprozessen.

- **Automatisieren Sie Kundendienstanfragen:** Verwenden Sie automatisierte Chat-Bots, um auf Kundenanfragen zu antworten und einen grundlegenden Kundenservice zu bieten. Dies kann dazu beitragen, die Anzahl der Kundendienstanfragen zu reduzieren und den Kundendienstmitarbeitern Zeit zu geben, sich auf komplexere Probleme zu konzentrieren.

- **Automatisierung von Kundendienstprozessen:** Nutzen Sie Automatisierung, um Kundendienstprozesse zu optimieren. Dies kann die Automatisierung der Auftragsabwicklung, des Kunden-Onboarding und des Kundenfeedbacks umfassen. Die Automatisierung dieser Prozesse kann dazu beitragen, den manuellen Arbeitsaufwand zu reduzieren und den Kundendienstmitarbeitern Zeit zu verschaffen, sich auf komplexere Probleme zu konzentrieren.

- **Automatisieren Sie Kundenservice-Analysen:** Verwenden Sie Analysen, um Einblicke in die Kundenservice-Performance zu gewinnen. Dies kann dazu beitragen, Verbesserungsbereiche zu identifizieren und es

Kundendienstmitarbeitern zu ermöglichen, Kunden besser zu bedienen.

- **Automatisieren SieKundenservice-Feedback:** Verwenden Sie automatisierte Feedback-Systeme, um Kundenfeedback zu sammeln. Dies kann dazu beitragen, Verbesserungsbereiche zu identifizieren und es Kundendienstmitarbeitern zu ermöglichen, Kunden besser zu bedienen.

- **Automatisieren Sie Kundendienstbenachrichtigungen:** Verwenden Sie automatisierte Benachrichtigungen, um Kunden über ihre Bestellungen, den Kontostatus und andere wichtige Informationen auf dem Laufenden zu halten. Dies kann dazu beitragen, die Frustration der Kunden zu reduzieren und den Kundenservice zu verbessern.

Implementierung von Cloud-basierten Lösungen für die Datenspeicherung und -freigabe.

Cloud-basiertegelöste Ionen werden immer beliebter für die Datenspeicherung und -freigabe für Unternehmenswachstum und Start-ups. Cloud-basierte Lösungen bieten eine Reihe von Vorteilen, darunter Kosteneinsparungen, Skalierbarkeit und Flexibilität. Sie bieten auch eine sichere Umgebung für die Speicherung und gemeinsame Nutzung von Daten.

- **Kosteneinsparungen:** Cloud-basierte Lösungen sind oft kostengünstiger als herkömmliche On-Premise-Lösungen. Dies liegt daran, dass Unternehmen keine teure Hardware oder Software kaufen und warten müssen. Stattdessen können sie für die Dienstleistungen, die sie benötigen, auf einer Pay-as-you-go-Oase bezahlen.

- **Skalierbarkeit:** Cloud-basierte Lösungen sind hochgradig skalierbar, was bedeutet, dass Unternehmen ihre Nutzung je nach Bedarf leicht erhöhen oder verringern können. Dies ist besonders nützlich für Start-ups, die ihre Dienstleistungen möglicherweise schnell ausbauen müssen, wenn ihr Geschäftwächst.

- **Flexibilität:** Cloud-basierte Lösungen sind zudem sehr flexibel, sodass Unternehmen von überall auf der Welt auf ihre Daten zugreifen können. Dies ist besonders nützlich für Unternehmen mit mehreren Standorten oder Mitarbeiter, die häufig reisen.

- **Sicherheit:** Cloud-basierte Lösungen sind sehr sicher, da sie Verschlüsselungs- und Authentifizierungsdienste bereitstellen, um Daten vor unbefugtem Zugriff zu schützen. Dies ist besonders wichtig für Unternehmen, die mit sensiblen Informationen wie Finanz- oder Kundendaten umgehen.

Cloud-basierte Lösungen sind eine ideale Wahl für Unternehmen, die Daten für Unternehmenswachstum und Start-ups speichern und teilen möchten. Sie bieten Kosteneinsparungen, Skalierbarkeit, Flexibilität und Sicherheit und sind damit eine großartige Option für Unternehmen jeder Größe.

Verwendung von Analysen, um das Verhalten und die Präferenzen von Kunden zu verfolgen .

Analytics ist ein leistungsstarkes Tool für Unternehmen, um das Verhalten und die Präferenzen von Kunden zu verfolgen , um Einblicke in die Bedürfnisse und Präferenzen der Kunden zu erhalten. Dies wird verwendet, um Entscheidungen über Produktentwicklung, Strategienund Kundenservice zu treffen.

Unternehmen können Analysen verwenden, um das Verhalten und die Präferenzen von Kunden auf verschiedene Arten zu verfolgen. Sie können die Kaufhistorie von Kunden, die Nutzung von Websites und Apps sowie Online-Bewertungen verfolgen. Diese Daten werden verwendet, um Kundenbedürfnisse und -präferenzen zu identifizieren und gezielte Marketingkampagnen und Produktangebote zu entwickeln.

Analytics kann auch verwendet werden, um die

Kundeninteraktion mit den Social-Media-Konten eines Unternehmens zu verfolgen. Dies kann Unternehmen helfen zu verstehen, welche Inhalte bei Kunden ankommen und welche Beiträge am ehesten Engagement erzeugen.

Für Start-ups werden Analysen verwendet, um das Verhalten und die Präferenzen von Kunden zu verfolgen , um Einblicke in die Bedürfnisse und Präferenzen der Kunden zu erhalten. Dies kann Start-ups helfen, Kundenbedürfnisse zu identifizieren und Produkte und Dienstleistungen zu entwickeln, die diesen Bedürfnissen entsprechen. Analytics kann Start-ups auch dabei helfen, potenzielle Märkte zu identifizieren und sie mit maßgeschneiderten Marketingkampagnen anzusprechen.

Online-Marketing-Tools, um neue Kunden zu erreichen.

- **Suchmaschinenoptimierung (SEO):** SEO ist ein leistungsstarkes Werkzeug, um Ihr Unternehmen vor potenzielle Kunden zu bringen. Es geht darum, Ihre Website und Inhalte zu optimieren, um in den Suchmaschinenergebnissen einen höheren Rang einzunehmen, damit Kunden Sie leichter finden können.

- **Social Media Marketing:** Social Media ist ein effektiver Weg, um neue Kunden zu erreichen und Beziehungen zu ihnen aufzubauen. Sie können Plattformen verwenden, um Inhalte zu teilen, mit

Kunden in Kontakt zu treten und Ihr Unternehmen zu bewerben.

- **Content Marketing:** Content Marketing ist eine einzigartige Möglichkeit, neue Kunden zu gewinnenund Vertrauen zu ihnen aufzubauen. Sie können Blog-Posts, Videos und andere Arten von Inhalten erstellen, um Ihrer Zielgruppe wertvolle Informationen zur Verfügung zu stellen und ihnen zu zeigen, warum sie sich für Ihr Unternehmen entscheiden sollten.

- **E-Mail-Marketing:** E-Mail-Marketing ist eine sanfte Möglichkeit, mit bestehenden Kunden in Kontakt zu bleiben und neue Kunden zu erreichen. Sie können E-Mail-Newsletter verwenden, um Updates, Werbeaktionen und andere Inhalte zu teilen, um Kunden zu binden und an Ihrem Unternehmen interessiert zu halten.

- **Pay-per-Click-Werbung:** Pay-per-Click (PPC)-Werbung ist eine Online-Möglichkeit, Ihr Unternehmen schnell vor potenzielle Kunden zu bringen. Sie können Plattformen verwenden, um Anzeigen zu erstellen, die auf bestimmte Keywords ausgerichtet sind und erscheinen, wenn Kunden nach diesen Begriffen suchen.

KI-gesteuerte Chatbots zur Verbesserung des Kundenservice.

KI-gesteuerte Chatbotskönnen verwendet werden, um den Kundenservice für Unternehmenswachstum und Start-ups auf verschiedene Weise zu verbessern. Chatbots werden verwendet, um Kundendienstanfragen zu automatisieren, einen personalisierten Kundenservice zu bieten und sogar 24/7 Kundensupport zu bieten.

Chatbots sind es gewohnt, Kundenanfragenschnell und präzise zu beantworten. Dies kann dazu beitragen, die Wartezeiten der Kunden zu reduzieren und die Kundenzufriedenheit zu verbessern. Chatbots können auch verwendet werden, um einen personalisierten Kundenservice zu bieten. Durch den Einsatz von KI-gesteuerter Verarbeitung natürlicher Sprache können Chatbots Kundenanfragen unverständlichmachen und personalisierte Antworten liefern.

Chatbots können auch verwendet werden, um Kundensupport 24/7 zu bieten. Dies ist besonders vorteilhaft für Start-ups, die möglicherweise nicht über die Ressourcen verfügen, um rund um die Uhr Kundenservice zu bieten. KI-gesteuertec-Hatbots werden eingesetzt, um Kundenanfragen zu beantworten und zu jeder Tages- und Nachtzeit Support zu leisten.

KI-gesteuerte Chatbots werden verwendet, um Kundendaten zu sammeln. Diese Daten werden verwendet, um Einblicke in das Verhalten und die Präferenzen der Kunden zu gewinnen, was

Unternehmen helfen kann,ihre Produkte und Dienstleistungen zu verbessern. Durch den Einsatz von KI-gesteuerten Chatbots können Unternehmen wertvolle Einblicke in ihre Kunden gewinnen und diese Daten nutzen, um ihren Kundenservice zu verbessern und ihr Geschäft auszubauen.

Social-Media-Plattformen, um mit Kunden in Kontakt zu treten.

Social-Media-Plattformen sind ein sicherer Weg, um mit Kunden in Kontakt zu treten und Ihr Geschäft auszubauen. Sie bieten eine Plattform für Unternehmen, um mit ihren Kunden zu interagieren, Beziehungen aufzubauen und die Markenbekanntheit zu steigern.

Der erste Schritt zur Nutzung von Social Media für das Geschäftswachstum besteht darin, eine Präsenz auf den wichtigsten Social-Media-Plattformen zu schaffen. Dazu gehört auch die Einrichtung von Konten auf allen wichtigen Social-Media-Plattformen. Sobald diese Konten eingerichtet sind, müssen Unternehmen mit ihren Kunden in Kontakt treten. Dies geschieht durch Posts, Veröffentlichungenund Nachrichten.

Unternehmen sollten auch soziale Medien nutzen, um ihre Produkte und Dienstleistungen zu bewerben. Dies geschieht durch Posts, Anzeigen und gesponserte Inhalte. Unternehmen sollten soziale Medien nutzen, um Beziehungen zu ihren Kunden aufzubauen. Dies geschieht durch dasBeantworten von Kommentaren und Nachrichten, die Teilnahme an Gesprächen und die Bereitstellung hilfreicher Ratschläge und Informationen.

Unternehmen sollten Social Media auch nutzen, um Inhalte zu erstellen, die für ihre Branche relevant sind. Dies kann Blogbeiträge, Videos und Podcasts umfassen. Unternehmen sollten soziale Medien nutzen, um über Branchentrends und Neuigkeiten auf dem Laufenden zu bleiben. Dies geschieht, indem Sie Branchenführern und Influencern folgen.

Unternehmen sollten Social Media nutzen, um den Erfolg ihrer Kampagnen zu messen. Dies geschieht durch dasSammeln von Likes, Kommentaren und Shares. Unternehmen sollten Analysetools verwenden, um die Reichweite und das Engagement ihrer Beiträge zu messen.

Die Nutzung von Social Media für Geschäftswachstum und Start-ups ist ein definitiver Prozess, um mit Kunden in Kontakt zu treten , Beziehungen aufzubauen und die Markenbekanntheit zu steigern. Durch die Schaffung einer Präsenz auf wichtigen Social-Media-Plattformen, die Interaktion mit Kunden, die Förderung von Produkten und Dienstleistungen, die Erstellung von Inhalten und die Messung des Erfolgs können Unternehmen Social Media nutzen, um ihr Geschäft auszubauen undneue Kunden zu erreichen.

Videokonferenzen zur Verbindung mit Remote-Teams.

Videokonferenzen sind eine Technologie, die es Menschen ermöglicht, über das Internet über Video und Audio miteinander zu kommunizieren. Es ist in den letzten Jahren immer beliebter geworden, daes den Menschen ermöglicht, mit ihren Kollegen, Freunden und ihrer Familie in Verbindung zu bleiben, auch wenn sie nicht physisch anwesend sind.

- Videokonferenzen können verwendet werden, um Remote-Teams zu verbinden, so dass sie an Projekten zusammenarbeiten, Ideen austauschen und überdie neuesten Entwicklungen auf dem Laufenden bleiben können. Es kann auch für Remote-Schulungen und - Schulungen sowie für virtuelle Meetings und Konferenzen verwendet werden. Mit Hilfe von Videokonferenzen können Unternehmen Zeit und Geld sparen, indem sie Reisen überflüssig machen und gleichzeitig eine produktive und effiziente Kommunikation ermöglichen.

- Videokonferenzen sind für Unternehmen immer beliebter geworden, um sich mit Remote-Teams zu verbinden und die Zusammenarbeit zu erleichtern. Es ist zu einem unschätzbaren Werkzeug für Unternehmen jeder Größe geworden, von kleinen Start-ups bis hin zu großen Unternehmen. Videokonferenzen bieten eine Reihe von Vorteilen, die Unternehmen zu Wachstum und Erfolg verhelfen können.

- Der offensichtlichste Vorteil von Videokonferenzen ist die Möglichkeit, sich mit Remote-Teams zu verbinden. Dies ermöglicht es Unternehmen, mit Teams zusammenzuarbeiten, die sich in verschiedenen Teilen der Welt befinden, ohne reisen zu müssen. Dies kann Unternehmen Zeit und Geld sparen und ihnen den Zugang zu einem größeren Pool von Talenten ermöglichen.

- Videokonferenzen ermöglichen es Unternehmen auch, mit ihren Teams in Verbindung zu bleiben, wennsie nicht physisch anwesend sind. Dies kann helfen, die Moral aufrechtzuerhalten und sicherzustellen, dass alle auf der gleichen Seite sind. Es ermöglicht Unternehmen auch, mit ihren Kunden und Partnern in Kontakt zu bleiben, was dazu beitragen kann, Beziehungen aufzubauen und Vertrauen zu schaffen.

- Video Konferenzen können Unternehmen auch helfen, Geld zu sparen. Durch den Einsatz von Videokonferenzen können Unternehmen ihre Reisekosten senken und die Kosten für die Anmietung von Besprechungsräumen sparen. Dies kann Unternehmen helfen, Geld zu sparen, das dann in andere Geschäftsbereiche reinvestiert werden kann.

- Videokonferenzen können Unternehmen auch dabei helfen, ihre Produktivität zu steigern. Indem Teams aus der Ferne zusammenarbeiten können, können Unternehmen in kürzerer Zeit mehr erledigen. Dies kann Unternehmen helfen, ihre Leistung zu steigern und ihr Endergebnis zu verbessern.

- Videokonferenzen helfen Unternehmen, wettbewerbsfähig zu bleiben. Indem Unternehmen mit ihren Teams und Kunden in Verbindung bleiben, können sie der Konkurrenz immer einen Schritt voraus sein und sicherstellen, dass sie den bestmöglichen Service bieten.

Videokonferenzen sind ein unschätzbares Werkzeug für Unternehmen jeder Größe. Es kann Unternehmen helfen, Geld zu sparen, die Produktivität zu steigern und mit ihren Teams und Kunden in Verbindung zu bleiben. Dies kann Unternehmen helfen, zu wachsen und erfolgreich zu sein.

Projektmanagement-Software zur Verwaltung von Aufgaben und Terminen.

Projektmanagement-Software ist ein leistungsstarkes Tool für Unternehmen und Start-ups, um Aufgaben und Termine zu verwalten. Es hilft, Prozesse zu rationalisieren, die Effizienz zu steigern und die Zusammenarbeit zu verbessern. Es hilft, Zeit und Geld zu sparen, indem es den Bedarf an manuellen Prozessen reduziert und sicherstellt, dass dieseAufgaben pünktlich erledigt werden.

- Projektmanagement-Software hilft Unternehmen und Start-ups, Projekte effizienter zu planen und durchzuführen. Es geht darum, einen Zeitplan für Aufgaben und Fristen zu erstellen, den Teammitgliedern Aufgaben zuzuweisen und den Fortschritt zu verfolgen, um sicherzustellen, daßProjekte pünktlich und innerhalb des Budgets abgeschlossen werden.

- Projektmanagement-Software soll die Zusammenarbeit zwischen Teammitgliedern verbessern. Es bietet auch eine zentrale Plattform für Kommunikation und Zusammenarbeit, die es Teammitgliedern ermöglicht, Ideen auszutauschen und daran zu arbeiten, sie zu bekommen. Dies hilft, den Zeitaufwand für manuelle Prozesse zu reduzieren und die Effizienz zu steigern.

- Projektmanagement-Software soll die Kundenzufriedenheit verbessern. Es soll sicherstellen, dass Kundenanfragen schnell und effizient bearbeitet werden und dass Kundenfeedback berücksichtigt wird, um die Kundenbindung zu verbessern und die Kundenzufriedenheit zu erhöhen.

Projektmanagement-Software hilft bei der Verbesserung des Unternehmenswachstums und der

Start-ups, um Verbesserungsbereiche zu identifizieren und sicherzustellen, dass Projekte pünktlich und mitknappem Budget abgeschlossen werden. Damit soll der Gewinn gesteigert und sichergestellt werden, dass Unternehmen und Start-ups erfolgreich sind.

E-Commerce-Lösungen zur Optimierung des Vertriebs.

E-Commerce-Lösungen werden für Unternehmen jeder Größe, vom Großkonzern bis zum kleinen Start-up, immer beliebter. Diese Lösungen bieten Unternehmen eine Reihe von Vorteilen, darunter Effizienzsteigerungen, Kosteneinsparungen und verbesserter Kundenservice. Sie helfen Unternehmen auch, ihre Verkaufsprozesse zu rationalisieren, so dass sie sich mehr auf das Wachstum ihres Geschäfts konzentrieren können.

- E-Commerce-Lösungen helfen Unternehmen, ihre Vertriebsprozesse zu rationalisieren, indem sie viele der mit dem Verkauf verbundenen Aufgaben automatisieren. Dazu gchören die Automatisierung der Auftragsabwicklung, des Kundendienstes und der Bestandsverwaltung.

- Die Automatisierung trägt dazu bei , den Zeit- und Arbeitsaufwand für die Vertriebsverwaltung zu reduzieren und Ressourcen freizusetzen, um sich auf andere Geschäftsbereiche zu konzentrieren. Automatisierung hilft, Genauigkeit und Konsistenz im

Verkaufsprozess zu gewährleisten und die Wahrscheinlichkeit von Fehlern oder verpassten Chancen zu reduzieren.

- E-Commerce-Lösungen tragen auch dazu bei, den Kundenservice zu verbessern. Durch die Automatisierung von Kundendienstaufgaben. Unternehmen bieten ihren Kunden einen schnelleren und effizienteren Service. Dies trägt dazu bei, die Kundenzufriedenheit und -loyalität zu erhöhen, was zu mehr Umsatz und Einkaufsmöglichkeiten führt. Ein automatisierter Kundenservice kann dazu beitragen, den Zeit- und Arbeitsaufwand für die Beantwortung von Kundenanfragen zu reduzieren und Ressourcen freizusetzen, um sich auf andere Geschäftsbereiche zu konzentrieren.

E-Commerce-Lösungen helfen Unternehmen, Geld zu sparen. Durchdie Automatisierung aller mit dem Vertrieb verbundenen Aufgaben können Unternehmen ihre Gemeinkosten senken. Dies trägt zur Steigerung der Gewinne bei und ermöglicht es Unternehmen, diese Gewinne in andere Geschäftsbereiche zu reinvestieren.

Mobile Anwendungen zur Steigerung der Kundenbindung.

Mobile Anwendungen werden für Unternehmen immer beliebter, um mit ihren Kunden in Kontakt zu treten und ihr Wachstum zu steigern. Mobile Apps können verwendet werden, um Kunden ein persönlicheres Erlebnis zu bieten, exklusive Angebote anzubieten und Echtzeit-Updates zu Produkten und Dienstleistungen bereitzustellen. Sie können auch verwendet werden, um Daten über das Kundenverhalten und die Präferenzen zu sammeln, die zur Erstellung gezielter Marketingkampagnen verwendet werden können.

- Der Einsatz mobiler Anwendungen zur Steigerung der Kundenbindung und des Geschäftswachstumshat sich als effektiv erwiesen. Studien haben gezeigt, dass Unternehmen, die mobile Apps verwenden, um mit ihren Kunden in Kontakt zu treten, eine Steigerung der Kundenbindung und -zufriedenheit sowie eine Steigerung des Umsatzes verzeichnen konnten. Unternehmen, die mobile Apps verwenden, um Kundendaten zu sammeln, haben ihre Fähigkeit, ihre Marketingkampagnen gezielt auszurichten und ihren ROI zu steigern, verbessert.

- Start-ups profitieren auch von der Nutzung mobiler Anwendungen, um die Kundenbindung und das Geschäftswachstum zu steigern. Durch den Einsatz mobiler Apps bauen Start-ups schnell einen Kundenstamm auf und erhöhen ihre Sichtbarkeit. Mobile Apps werden verwendet, um Daten über das

Kundenverhalten und die Präferenzen zu sammeln, die verwendet werden können, um gezielte Marketingkampagnen zu erstellen und den Umsatz zu steigern.

Mobile Anwendungen sind ein einflussreicher Faktorfür Unternehmen, um mit ihren Kunden in Kontakt zu treten und ihr Wachstum zu steigern. Sie werden verwendet, um Kunden ein persönlicheres Erlebnis zu bieten, exklusive Angebote anzubieten und Echtzeit-Updates zu Produkten und Dienstleistungen bereitzustellen.

Virtual Reality, um immersive Kundenerlebnisse zu schaffen.

Virtual Reality (VR) ist eine Technologie, die es Benutzern ermöglicht, mit einer simulierten Umgebung zu interagieren und diese zu erleben. Es ist in den letzten Jahren immer beliebter geworden, da es verwendet wurde, um immersive Kundenerlebnisse zu schaffen, dieeinen tiefgreifenden Einfluss auf das Geschäftswachstum und Start-ups haben.

- VR wird verwendet, um ein einzigartiges und ansprechendes Kundenerlebnis zu schaffen. Zum Beispiel können Unternehmen VR nutzen, um virtuelle Showrooms zu erstellen, die es Kunden ermöglichen, Produkte in einer realistischen 3D-Umgebung zu erkunden. Dies kann genutzt werden, um den Kunden ein interaktiveresund ansprechenderes Einkaufserlebnis zu bieten und den Kunden ein besseres Verständnis des Produkts zu vermitteln. Dies trägt dazu bei, die Kundenbindung und -bindung zu erhöhen und den Umsatz zu steigern.

VR kann auch verwendet werden, um virtuelle Trainings- und Bildungserfahrungen zu schaffen. Dies wird verwendet, um Kunden eine immersivere und ansprechendere Lernerfahrung zu bieten und Unternehmen eine effizientere und kostengünstigere Möglichkeit zu bieten, ihre Mitarbeiter zu schulen. Dies trägt dazu bei, die Leistung und Produktivität der Mitarbeiter zu verbessernund die Schulungskosten zu senken.

Big Data, um Einblicke in das Kundenverhalten zu gewinnen.

Big Data ist ein Begriff, der verwendet wird, um die große Datenmenge zu beschreiben, die von Unternehmen und Organisationen generiert wird. Es sind Daten, die zu groß und zu umfangreich sind, um mit herkömmlichen Methoden verarbeitet und analysiert zu werden. Big Data kann genutzt werden, um Einblicke in das Kundenverhalten und dessen Auswirkungen auf Unternehmenswachstum und Start-ups zu gewinnen.

- Big Data kann verwendet werden, um Kundenpräferenzen und Trends zu identifizieren, die dann verwendet werden können, um gezielte Marketingkampagnen und -strategien zu erstellen. Durch die Analyse von

Kundendaten können Unternehmen Einblicke in das Kaufverhalten der Kunden gewinnen, die verwendet werden, um die Bedürfnisse und Präferenzen der Kunden besser zu verstehen. Dies hilft Unternehmen, effektivere Marketingkampagnen und - strategien zu erstellen, die auf die Bedürfnisse ihrer Kunden zugeschnitten sind.

- Big Data wird auch verwendet, um potenzielle Chancen für Geschäftswachstumund Expansion zu identifizieren. Durch die Analyse von Kundendaten identifizieren Unternehmen Bereiche mit potenziellem Wachstum und entwickeln Strategien, um diese Chancen zu nutzen. Dies hilft Unternehmen, ihren Marktanteil und ihre Rentabilität zu erhöhen, ihre potenziellen Risiken zu reduzieren und ihren langfristigen Erfolg sicherzustellen.

Big Data wird genutzt, um potenzielle Innovationsbereiche zu identifizieren. Durch die Analyse von Kundendaten identifizieren Unternehmen Bereiche, in denen neue Produkte oder Dienstleistungen entwickelt werden könnten, um die Kundenbedürfnisse zu erfüllen, damit die Unternehmender Konkurrenz voraus bleiben und auf dem Markt wettbewerbsfähig bleiben.

Spracherkennungstechnologie zur Automatisierung von Prozessen.

Spracherkennungstechnologie ist eine schnell wachsende Technologie, die zur Automatisierung von Prozessen in Unternehmen und Start-ups eingesetzt wird. Diese Technologie wird verwendet, um gesprochene Wörter zu erkennen und zu interpretieren, so dass Benutzer mit ihren Geräten und Anwendungen interagieren können, ohne dass manuelle Eingaben erforderlich sind. Spracherkennungstechnologie hat das Potenzial, die Arbeitsweise von Unternehmen und Star-T-ups zu revolutionieren, da sie dazu beitragen kann, Prozesse zu rationalisieren, Kosten zu senken und die Effizienz zu steigern.

- Die häufigste Verwendung von Spracherkennungstechnologie ist im Kundenservice. Durch den Einsatz von Spracherkennungstechnologie bieten Unternehmen ihren Kunden schnellere undgenauere Antworten auf ihre Anfragen, um die Wartezeiten der Kunden zu verkürzen und die Kundenzufriedenheit zu verbessern. Spracherkennungstechnologie kann verwendet werden, um Prozesse wie Auftragsabwicklung, Zahlungsabwicklung und Kundensupport zu automatisieren, um den Zeit- und Ressourcenaufwand für diese Aufgaben zu reduzieren, so dass sich Unternehmen auf wichtigere Aufgaben konzentrieren können.

Spracherkennungstechnologie wird verwendet, um die Genauigkeit der Dateneingabe zu verbessern. Durch den Einsatz von Spracherkennungstechnologie reduzieren Unternehmen den Zeit- und Ressourcenaufwand für die Eingabe von Daten in ihre Systeme, um Fehler zu reduzieren und die Genauigkeit zu verbessern, was zu genaueren Daten und einer besseren Entscheidungsfindung führt.

Maschinelles Lernen zur Automatisierung von Aufgaben und Prozessen.

Machine Learning (ML) ist eine Form der künstlichen Intelligenz (KI), die es Computern ermöglicht, aus Daten zu lernen und daraus Entscheidungen zu treffen. Es ist ein leistungsstarkes Werkzeug, das zur Automatisierung von Aufgaben und Prozessen verwendet wird, und seine Auswirkungen auf das Geschäftswachstum und die Start-ups sind immens.

- ML wird verwendet, um viele der mühsamen und zeitaufwändigen Aufgaben zu automatisieren, die mit der Führung eines Unternehmens verbunden sind. ML wird beispielsweise verwendet, um Kundendienstaufgaben wie die Beantwortung von Kundenanfragen, die Verarbeitung von Bestellungen und die Verwaltung von Kundenkonten zu automatisieren. ML wird auch verwendet, um Marketingaufgaben wie die Segmentierung von Kunden, das Targeting von Kampagnen und die Analyse des Kundenverhaltens zu automatisieren.

- ML wird auch verwendet, um Prozesse wie Produktion, Bestandsverwaltung und Lieferkettenmanagement zu automatisieren. Durch den Einsatz von ML senken Unternehmen Kosten, steigern die Effizienz und verbessern die Kundenzufriedenheit.

ML wird auch verwendet, um die Entscheidungsfindung zu verbessern. Durch die Analyse von Daten identifiziert ML Muster und Trends, die verwendet werden, um Entscheidungen für Unternehmen zu treffen, um bessere Entscheidungenüber Marketing, Produktentwicklung und Kundenservice zu treffen und Unternehmen dabei zu helfen, die Kundenbindung und -bindung zu erhöhen.

Blockchain-Technologie zur Sicherung von Daten und Transaktionen.

Die Blockchain-Technologie ist eine revolutionäre neue Art der Sicherung von Daten undTransaktionen. Es ist eine verteilte Ledger-Technologie, die Kryptographie verwendet, um Daten sicher zu speichern und zu übertragen. Die Blockchain-Technologie hat das Potenzial, die Art und Weise, wie Unternehmen arbeiten und wachsen, sowie die

Entwicklung und den Erfolg von Start-ups zu
revolutionieren.

- Blockchain technology wird verwendet,
  um Daten wie Kundeninformationen,
  Finanztransaktionen und andere sensible
  Informationen sicher zu speichern und zu
  übertragen. Es handelt sich um ein
  dezentrales System, was bedeutet, dass es
  nicht von einer einzigen Einheit
  kontrolliert wird, was es sicherer macht
  als andereSysteme. Die Blockchain-
  Technologie ist unveränderlich, was
  bedeutet, dass Daten, die einmal in der
  Blockchain gespeichert sind, nicht mehr
  geändert oder verändert werden können.
  Dies macht es zu einer idealen Lösung für
  Unternehmen, die sensible Daten sicher
  speichern und übertragen müssen.

- Blockchain-Technologie wird verwendet,
  um sichere Transaktionen zu erleichtern,
  indem sie intelligente Verträge
  verwenden, Unternehmen können digitale
  Verträge erstellen, die auf der Blockchain
  gespeichert sind und automatisch
  ausgeführt werden, wenn bestimmte
  Bedingungen erfüllt sind. Dadurch
  entfällt die Notwendigkeit einer
  manuellen Überprüfungund das
  Betrugsrisiko wird verringert. Die
  Blockchain-Technologie wird verwendet,
  um digitale Token zu erstellen, die zur

Erleichterung von Zahlungen und anderen Transaktionen verwendet werden. Dies ist besonders nützlich für Start-ups, die Zahlungen schnell und sicher abwickeln müssen.

DieBlockch-ain-Technologie wird verwendet, um neue Geschäftsmodelle und Möglichkeiten für Start-ups und Unternehmen zu schaffen, die die Blockchain-Technologie nutzen können, um neue Produkte und Dienstleistungen wie dezentrale Anwendungen (dApps) und dezentrale autonome Organisationen(DAOs) zu entwickeln. Diese neuen Geschäftsmodelle erschließen neue Märkte und schaffen neue Einnahmequellen für Unternehmen und Start-ups, um neue Erfolgshöhen zu erreichen.

3D-Druck zur Erstellung von Prototypen und Produkten.

Der 3D-Druck ist eine revolutionäre Technologie, diein den letzten Jahren immer beliebter geworden ist. Es ist ein Prozess, bei dem dreidimensionale Objekte aus einer digitalen Datei mit additiven Fertigungstechniken erstellt werden. Der 3D-Druck wurde verwendet, um Prototypen und Produkte für eine Vielzahl von Branchen zu erstellen, darunter Automobil, Luft- und Raumfahrt, Medizin und Konsumgüter.

- Der Einsatz des 3D-Drucks für das Prototyping und die Produktentwicklung hatte erhebliche Auswirkungen auf das Geschäftswachstum und die

Unternehmensgründung. Durch den Einsatz des 3D-Drucks können Unternehmen schnell und kostengünstig Prototypen und Produkte erstellen, die getestet und verfeinert werden, bevor sie in Produktion gehen. Dies ermöglicht es Unternehmen, ihre Produkte schneller auf den Markt zu bringen und den Zeit- und Kostenaufwand herkömmlicher Herstellungsmethoden zu reduzieren.

- Der 3D-Druck ermöglicht es Unternehmen auch, maßgeschneiderte Produkte zu erstellen, die auf die Bedürfnisse ihrer Kunden zugeschnitten sind. Dies ermöglicht es Unternehmen, einzigartige Produkte zu schaffen, die zu einem Premiumpreis verkauft werden, wodurch ihre Gewinne gesteigert werden.

- Der 3D-Druck wird auch verwendet, um Teile und Komponenten herzustellen, diemit herkömmlichen Fertigungsmethoden für Unternehmen nur schwer oder gar nicht hergestellt werden können, um Kosten zu senken und die Effizienz zu steigern, was zu höheren Gewinnen führt.

Der 3D-Druck wird verwendet, um umweltfreundlichere Produkte herzustellen, so dassdie Verbraucher ihre Abhängigkeit von traditionellen Materialien reduzieren und Produkte schaffen können, die für Unternehmen nachhaltiger sind, um ihre Umweltbelastung zu reduzieren und ihre Nachhaltigkeit zu erhöhen.

Robotik zur Automatisierung von Fertigungsprozessen.

Die Robotik ist einstetig wachsendes Feld, das die Fertigungsindustrie revolutioniert. Robotik wird eingesetzt, um Prozesse zu automatisieren, Kosten zu senken und die Effizienz zu steigern. Robotik hat das Potenzial, die Art und Weise, wie Unternehmen arbeiten und wachsen, zu revolutionieren und neue Möglichkeiten für Start-ups zu schaffen.

- Robotik kann verwendet werden, um Prozesse in der Fertigung wie Montage, Verpackung und Sortierung zu automatisieren. Automatisierung senkt die Arbeitskosten, steigert die Effizienz und verbessert die Produktqualität. Die Automatisierung reduziert auch den Bedarf an manueller Arbeit, setzt Ressourcen frei, um sich auf andere Bereiche des Unternehmens zu konzentrieren, und reduziert das Risiko menschlicher Fehler, was zu weniger Fehlern und höherer Kundenzufriedenheit führt.

- Robotik wird verwendet, um die Genauigkeit und Geschwindigkeit der Produktion zu verbessern, die zur Überwachung und Steuerung von Produktionsprozessen verwendet werden, um sicherzustellen, dass Produkte mit höchster Qualität und Genauigkeit hergestellt werden. Robotik wird verwendet, um Daten zu überwachen und zu analysieren, so dass Unternehmen fundiertere Entscheidungen treffen und ihre Abläufe verbessern können.

- Robotik wird verwendet,um den Kundenservice zu verbessern und Kundendienstaufgaben zu automatisieren, z. B. die Beantwortung von Kundenanfragen, die Annahme von Bestellungen und die Verarbeitung von Zahlungen. Dies reduziert den Zeit- und Kostenaufwand für den Kundendienst und führt zu einer verbesserten Kundenzufriedenheit.

Robotik wird eingesetzt, um die Sicherheit am Arbeitsplatz zu verbessern, gefährliche Umgebungen zu überwachen und zu kontrollieren, das Risiko von Unfällen und Verletzungen zu verringern, gefährliche Maschinen zu überwachen und zu steuern und sicherzustellen, dass sie sicher und effizient betrieben werden.

Augmented Reality zur Schaffung interaktiver Kundenerlebnisse.

Augmented Reality (AR) ist eine Technologie, die es Nutzern ermöglicht, mit digitalen Inhalten in der physischen Welt zu interagieren. Es hat das Potenzial, die Art und Weise, wie Unternehmen mit Kunden interagieren, zu revolutionierenund interaktive

Erlebnisse zu schaffen. AR wird verwendet, um immersive und ansprechende Erlebnisse zu schaffen, die Unternehmen helfen zu wachsen und Start-ups von der Konkurrenz abzuheben.

- AR wird verwendet, um interaktive Erlebnisse zu schaffen, die auf die Bedürfnisse des Kunden zugeschnitten sind. Zum Beispiel kann ein Einzelhandelsgeschäft AR verwenden, um es Kunden zu ermöglichen, Kleidung oder Accessoires virtuell anzuprobieren, bevor sie sie kaufen. Dies hilft Kunden, fundierte Entscheidungen zu treffen und die Wahrscheinlichkeit eines Kaufs zu erhöhen. AR wird auch verwendet, um interaktive Erlebnisse zu schaffen, die auf die Interessen des Kunden zugeschnitten sind . Zum Beispiel kann ein Restaurant AR verwenden, um es Kunden zu ermöglichen, die Speisekarte zu erkunden und mehr über die Gerichte zu erfahren, bevor siebestellen. Ein weiteres Beispiel ist ein Hotel, das AR verwenden kann, um eine virtuelle Tour durch das Hotel und seine Annehmlichkeiten zu erstellen, damit Kunden das Hotel und seine Dienstleistungen besser verstehen und die Wahrscheinlichkeit erhöhen, dass sie einen Aufenthalt buchen.

- AR wird auch verwendet, um ein interaktives Erlebnis zu schaffen, das es

Kunden ermöglicht, die Produkte und Dienstleistungen des Unternehmens zu erkunden und Kunden dabei zu helfen, das Unternehmen und seine Angebote besser zu verstehen und die Wahrscheinlichkeit zu erhöhen, dass sie in das Start-up investieren.

Augmented Reality hat das Potenzial, die Art und Weise, wie Unternehmen mit Kunden interagieren, zu revolutionieren und interaktive Erlebnisse mit immersiven und ansprechenden Erlebnissen zu schaffen

IoT zur Fernüberwachung und -steuerung von Geräten.

Das Internet der Dinge (IoT) ist eine schnell wachsende Technologie, die die Arbeitsweise von Unternehmen revolutioniert. IoT ist das Netzwerk physischer Objekte wie Geräte, Fahrzeuge und Gebäude, die mit dem Internet verbunden sind und Daten sammeln und austauschen können. IoT-Geräte werden verwendet, um Geräte zu überwachen und zu steuern, so dass Unternehmen Einblicke in ihre Abläufe gewinnen und bessere Entscheidungen treffen können. Diese Technologie hat das Potenzial, das Geschäftswachstum voranzutreiben und neue Möglichkeiten für Start-ups zu schaffen.

- IoT hat das Potenzial, das Geschäftswachstum voranzutreiben, indem es UnternehmenEchtzeitdaten und Einblicke in ihre Abläufe liefert. Durch die Vernetzung von Geräten und Systemen erhalten Unternehmen Einblicke in ihre Abläufe und treffen bessere Entscheidungen. Zum Beispiel können Unternehmen IoT nutzen, um ihre Lagerbestände zu überwachen, kundenspezifische Trends zu verfolgen und ihre Lieferkette zu optimieren. IoT kann auch verwendet werden, um Prozesse zu automatisieren und Kosten zu senken, so dass Unternehmen effizienter und wettbewerbsfähiger werden können.

- IoT hat das Potenzial, neue Möglichkeiten für Start-ups zu schaffen. Durch die Verbindung von Geräten undSystemen entwickeln Start-ups innovative Produkte und Dienstleistungen, die zur Verbesserung des Kundenerlebnisses und zur Förderung des Geschäftswachstums eingesetzt werden.

Während IoT das Potenzial hat, das Geschäftswachstum voranzutreiben und neue Möglichkeiten für Start-ups zu schaffen, gibt es auchHerausforderungen und Chancen, die damit verbunden sind. Sicherheit ist ein wichtiges Anliegen, da IoT-Geräte anfällig für Cyberangriffe sind, da Datenschutzbedenken im Zusammenhang mit der Erfassung und Verwendung von Daten bestehen.

Künstliche Intelligenz zur Automatisierung des Kundenservice.

Artificial Intelligence (AI) ist eine schnell wachsende Technologie, die die Art und Weise, wie Unternehmen mit Kunden interagieren, revolutioniert. KI-gestützte Kundendienstautomatisierung wird bei Unternehmen und Start-ups immer beliebter, da sie eine effizientere und kostengünstigere Möglichkeit bietet,Kundenservice zu bieten. KI-gestützte Kundendienstautomatisierung hilft Unternehmen und Start-ups, die Kundenzufriedenheit zu verbessern, Kosten zu senken und den Umsatz zu steigern.

- KI-gestützte Kundendienstautomatisierung wird verwendet, um kundenspezifische Serviceaufgaben wie die Beantwortung von Kundenanfragen, dieBereitstellung von Kundensupport und die Bearbeitung von Kundenbeschwerden zu automatisieren, um personalisierte Kundenservice-Erfahrungen zu bieten, indem Natural Language Processing (NLP) verwendet wird, um Kundenanfragen zu verstehen undrelevante Antworten bereitzustellen. KI-gestützte Kundendienstautomatisierung wird auch verwendet, um Kundendienstprozesse wie Auftragsabwicklung, Zahlungsabwicklung und Kunden-Onboarding zu automatisieren.

Der Einsatz von KI-gestützter Kundendienstautomatisierung hilft Unternehmen und Start-ups, die Kundenzufriedenheit zu verbessern, indem sie einen schnelleren und genaueren Kundenservice bieten, um Kosten durch die Automatisierung von Kundendienstaufgaben zu senken, was dazu beiträgt, den Bedarf anmanueller Arbeit zu reduzieren und den Umsatz zu steigern, indem personalisierte Kundenservice-Erfahrungen geboten und auch die Kundenbindung erhöht wird.

Predictive Analytics zur Vorhersage von Kundenbedürfnissen.

Predictive Analytics ist ein leistungsstarkes Tool, mit dem Unternehmen Kundenbedürfnisse antizipieren und bessere Entscheidungen treffen können. Es nutzt datengesteuerte Erkenntnisse, um Muster und Trends im Kundenverhalten zu identifizieren und ermöglicht es Unternehmen, Kundenbedürfnisse zu antizipieren und Entscheidungen zu treffen, die zu mehr Umsatz und Kundenzufriedenheit führen. Predictive analytics kann auch verwendet werden, um Wachstums- und Innovationschancen zu identifizieren und Start-ups dabei zu helfen, der Konkurrenz einen Schritt voraus zu sein.

- Predictive Analytics werden verwendet, um Kundenpräferenzen zu identifizieren und Kundenbedürfnisse zu antizipieren. Durch die Analyse von Kundendaten können Unternehmen Muster im Kundenverhalten erkennen und diese Informationen verwenden, um gezielte Marketingkampagnen und

Produktangebote zu erstellen, um ihre Kunden besser zu verstehen und personalisiertere Erlebnisse zu schaffen.

- Predictive Analytics ist auchdarauf ausgerichtet, Wachstums- und Innovationschancen zu identifizieren, indem Bereiche mit potenziellem Wachstum identifiziert und Strategien entwickelt werden, um diese zu nutzen, um der Konkurrenz einen Schritt voraus zu sein und ihren Marktanteil zu erhöhen.

Predictive Analytics wird eingesetzt, um potenzielleRisiken und Chancen zu identifizieren. Durch die Analyse von Kundendaten können Unternehmen potenzielle Risiken identifizieren und Strategien entwickeln, um diese zu mindern, ihre Risikoexposition zu reduzieren und ihre Rentabilität zu steigern.

Verarbeitung natürlicher Sprache, um Kundenfragen zu verstehen.

Natural Language Processing (NLP) ist ein Zweig der künstlichen Intelligenz, der sich mit dem Verstehen und Interpretieren menschlicher Sprache beschäftigt. Es wird verwendet, um Text, Sprache und andere Formen natürlicher Sprache zu analysieren. NLP wird in einer Vielzahl von Anwendungen verwendet, einschließlich Kundenservice, Suchmaschinenoptimierung und automatisiertem Kundensupport.

- NLP wird verwendet, um Kundenanfragen zu verstehen und einen besseren Kundenservice zu bieten, um Einblicke in die Bedürfnisse und Präferenzen der Kunden zu erhalten, damit Unternehmen ihreProdukte und Dienstleistungen besser an die Kundenbedürfnisse anpassen können. NLP wird verwendet, um die Kundenstimmung zu identifizieren, was Unternehmen hilft, die Kundenzufriedenheit besser zu verstehen.

- NLP wird verwendet, um die Suchmaschinenoptimierung (SEO) zu verbessern. Durch die Analyse von Kundenanfragen können Unternehmen Schlüsselwörter und Phrasen identifizieren, die in Kundenanfragen verwendet werden, und ihren Inhalt für diese Begriffe optimieren, damit Unternehmen in den Suchmaschinenergebnissen einen höheren Rang einnehmen, was zu mehr Traffic und potenziellen Kunden führt.

NLP wird verwendet, um die Kundenunterstützung zu automatisieren. Durch die Analyse von Kundenanfragen können Unternehmen automatisierte Antworten erstellen, die Kunden Antworten auf ihre Fragen geben können, um Zeit und Geld zu sparen, indem der Bedarf an manuellem Kundensupport reduziert wird. Unternehmen können Bereiche identifizieren, in denen KundenSchwierigkeiten haben, und diese Probleme angehen, um die Kundenzufriedenheit und -loyalität zu verbessern und Zeit und Geld zu sparen.

Gesichtserkennungstechnologie zur Verbesserung der Sicherheit.

Die Gesichtserkennungstechnologie ist eine schnell wachsende Technologie, die zur Verbesserung der Sicherheit und Geschäftsentwicklung für kleine Unternehmen und Start-ups eingesetzt wird. Diese Technologie verwendet Gesichtserkennungsalgorithmen, um Personen anhand ihrer Gesichtszüge zu identifizieren. Es wird in einer Vielzahl von Branchen eingesetzt, darunter Einzelhandel, Banken, Gesundheitswesen und Regierung.

- Gesichtserkennungstechnologie wird verwendet, um die Sicherheit zu verbessern, indem eine zusätzliche Authentifizierungsebene für den Zugriff auf sensible Bereiche oder Daten bereitgestellt wird. Dies wird auch verwendet, um potenzielle Bedrohungen oder verdächtige Aktivitäten zu identifizieren, wie z. B. unbefugten Zugriff auf ein Gebäude oder Computersystem, und um Kunden oder Mitarbeiter zu identifizieren, um personalisierte Dienstleistungen anzubieten oder ihre Aktivitäten zu verfolgen.

Durch den Einsatz von Gesichtserkennungstechnologie identifizieren Unternehmen potenzielle Kunden und sprechen sie mit personalisiertenMarkierungskampagnen an, um die Kundenbindung und -loyalität zu erhöhen und den Umsatz zu steigern.

Digitale Geldbörsen, um Zahlungen zu erleichtern.

Digitale Geldbörsen werden immer beliebter, um Zahlungen für kleine Unternehmen und Start-ups zu erleichtern. Digitale Geldbörsenbieten Unternehmen die Möglichkeit, Zahlungen schnell und sicher zu akzeptieren, ohne Bargeld oder Kreditkarten zu benötigen. Dies erleichtert Kunden die Zahlung und kann Unternehmen helfen, ihren Umsatz zu steigern und ihren Kundenstamm zu vergrößern.

- Die Verwendung digitaler Geldbörsenermöglicht es kleinen Unternehmen und Start-ups, die mit der Zahlungsabwicklung verbundenen Kosten zu senken. Mit digitalen Geldbörsen vermeiden Unternehmen die Gebühren, die mit traditionellen Zahlungsmethoden wie Kreditkarten und Bargeld verbunden sind, die Unternehmen helfen, Geld für Transaktionsgebühren zu sparen, die für Investitionen in andere Geschäftsbereiche verwendet werden können.

- Digitale Geldbörsen erleichtern es Unternehmen auch, ihre Verkaufs- und Kundendaten zu verfolgen. Durch die Verwendung digitaler Geldbörsen können Unternehmen einfach auf Kundeninformationen zugreifen und Sendungenin Echtzeit verfolgen, um Unternehmen dabei zu helfen, ihre Kunden besser zu verstehen und fundiertere Entscheidungen über ihr Geschäft zu treffen.

Digitale Geldbörsen bieten Unternehmen auch mehr Sicherheit. Unternehmen schützen die Daten ihrer Kunden und stellen sicher, dass ihre Zahlungensicher sind, um Unternehmen dabei zu helfen, Vertrauen bei ihren Kunden aufzubauen und ihre Kunden zu vergrößern.

Virtuelle Assistenten zur Automatisierung des Kundenservice.

In der modernen Welt ist Kundenservice eine kritische Komponente jedes Unternehmens. Es ist der Schlüssel zurKundenorientierung und -loyalität und kann über Erfolg oder Misserfolg eines Unternehmens entscheiden. Daher investieren Unternehmen jeder Größe in virtuelle Assistenten, um den Kundenservice zu automatisieren und ihr Kundenerlebnis zu verbessern. Virtuelle Assistenten sind KI-gestützte Chatbots, die Kundenanfragen bearbeiten, Support leisten und sogar Bestellungen bearbeiten können. Sie werden bei kleinen Unternehmen und Start-ups als kostengünstige Möglichkeit, Kundenservice zu bieten, immer beliebter

- Virtuelle Assistenten bieten eine Reihe von Vorteilen für kleine Unternehmen und Start-ups. Sie helfen, Kosten zu senken, den Kundenservice zu verbessern und die Effizienz zu steigern. Virtuelle Assistenten sind eine kostengünstige Möglichkeit, Kundenservice zu bieten. Sie benötigen kein zusätzliches Personal und können schnell und einfach eingerichtet werden. Dies kann dazu beitragen,die Gemeinkosten zu senken und Ressourcen für andere Geschäftsbereiche freizusetzen.

- Virtuelle Assistenten bieten 24/7 Kundenservice, der dazu beitragen kann, die Kundenzufriedenheit und -loyalität zu verbessern. Sie sind auch auf einen persönlichen Service zugeschnitten und könnenzur Beantwortung häufiger Kundenfragen zusammengestellt werden.

- Virtuelle Assistenten automatisieren alltägliche Aufgaben wie Auftragsabwicklung und Kundenanfragen, um Ressourcen freizusetzen und es den Mitarbeitern zu ermöglichen, sich auf wichtigere Aufgaben zu konzentrieren.

Virtuelle Assistenten wirken sich positiv auf die Geschäftsentwicklung von kleinen Unternehmen und Start-ups aus. Sie helfen, Kosten zu senken, den

Kundenservice zu verbessern und die Effizienz zu steigern. Dies führte zu höheren Umsätzen, höherer Kundenzufriedenheit und verbesserter Markenbekanntheit.

Datenvisualisierungstools fürEinblicke

Datenvisualisierung ist ein mächtiges Werkzeug, um Erkenntnisse aus Daten zu gewinnen und ist in den letzten Jahren immer beliebter geworden. Es wird verwendet, um Daten in einem visuellen Format darzustellen, was das Verständnis und die Interpretation erleichtert. Datenvisualisierung wird verwendet, um Trends zu identifizieren, Ausreißer zu erkennen und Einblicke in das Kundenverhalten zu gewinnen.

- Datenvisualisierungstools werden von kleinen Unternehmen und Start-ups verwendet, um Einblicke in ihren Kundenstamm, Markttrends und Produktleistung zu erhalten. Durch die Visualisierung von Daten identifizieren Unternehmen schnell Chancenbereiche und potenzielle Risiken, um bessere Entscheidungen zu treffen und Strategien zur Umsatz- und Gewinnsteigerung zu entwickeln.

- Datenvisualisierungstools werden verwendet, um die Kundenbindung zu überwachen und Kundenfeedback zu verfolgen. Dies kann den Kunden helfen zuverstehen, wonach ihre Kunden suchen und wie sie ihre Produkte und

Dienstleistungen verbessern können. Datenvisualisierungstools werden verwendet, um Kundendaten zu analysieren und Verbesserungsbereiche zu identifizieren.

- Datenvisualisierungstools werden auch verwendet, um potenzielle Wachstumsbereiche zu identifizieren. Durch die Visualisierung von Daten identifizieren Unternehmen schnell Expansionsmöglichkeiten und identifizieren neue Märkte, auf die sie abzielen können. Dies hilft ihnen, Strategien zu entwickeln, um ihre Kunden zu erhöhen und ihren Umsatz zu steigern.

Datenvisualisierungstools werden auch verwendet, um das Kundenverhalten zu verfolgen und Kundensegmente zu identifizieren. Dies hilft Unternehmen, ihre Kunden besser zu verstehen und gezielte Marketingkampagnen zu entwickeln. Darüber hinaus können Datenvisualisierungstools verwendet werden, um Kundentrends zu identifizieren undStrategien zu entwickeln, um daraus Kapital zu schlagen.

KAPITEL DREIZEHN

Entwicklung einer Kundendienststra tegie

Kundenservice ist ein wesentlicher Bestandteil jedes Unternehmens, unabhängig von der Größe. Es ist die Grundlage für Kundenbindung und - zufriedenheit und kann einen erheblichen Einfluss auf den Erfolg eines kleinen Unternehmens oder Start-ups haben. Die Entwicklung einer Kundendienststrategie ist ein wichtiger Schritt, um sicherzustellen, dass Kunden eine positive Erfahrung mit Ihrem Unternehmen machen.

- Der erste Schritt bei der Entwicklungeiner Kundendienststrategie besteht darin, die Ziele der Strategie zu identifizieren. Was wollen Sie mit Ihrer Kundenservice-Strategie erreichen? Möchten Sie die Kundenzufriedenheit steigern? Kundenbindung erhöhen? Umsatz steigern? Die Identifizierung Ihrer Ziele wirdIhnen helfen, eine Strategie zu entwickeln, die auf Ihr Unternehmen und seine Bedürfnisse zugeschnitten ist.

- Sobald Sie Ihre Ziele identifiziert haben, besteht der nächste Schritt darin, ein Kundendienstteam zu erstellen. Dieses Team sollte aus Personen bestehen, die über die Fähigkeiten und Erfahrungen verfügen, die für einen exzellenten Kundenservice erforderlich sind. Es ist wichtig sicherzustellen, dass das Team gut ausgebildet ist und über Ihre Produkte und Dienstleistungen Bescheid weiß. Es ist wichtig sicherzustellen, dass das Team mit den notwendigen Tools und Ressourcen ausgestattet ist, um einen effektiven Kundenservice zu bieten.

- Sobald Sie ein Kundendienstteam erstellt haben, besteht die nächste Aufgabedarin, einen Prozess für die Bereitstellung von Kundenservice zu entwickeln. Dieser Prozess sollte Schritte zum Beantworten von Kundenanfragen, zum Lösen von Kundenbeschwerden und zum Bereitstellen von Feedback umfassen. Es sollte Schritte zur Verfolgung der Kundenzufriedenheit und zur Lösungauftretender Probleme enthalten.

Neben der Entwicklung eines Prozesses für die Bereitstellung von Kundenservice ist es wichtig, einen Kommunikationsplan zu entwickeln. Dieser Plan sollte Strategien für die Kommunikation mit Kunden wie E-Mail, Telefon und soziale Medien enthalten. Es sollte auch Strategien zur Beantwortung der Kundenanfragen enthalten.

KAPITEL VIERZEHN

Aufbau eines Netzwerks von Partnern und Anbietern

Die Schaffung eines Netzwerks von Partnern und Anbietern für kleine Unternehmen und Start-ups ist ein entscheidender Schritt für den Erfolg eines jeden Unternehmens. Ein starkes Netzwerk von Partnern und Anbietern kann einem Unternehmen helfen, zu wachsen und erfolgreich zu sein. Es bietet Zugang zu Ressourcen, Kontakten und Fachwissen, die von unschätzbarem Wert sein können. Hier sind einige Tipps, wie Sie ein Netzwerk von Partnern und Anbietern für Einkaufszentrenund Start-ups aufbauen können.

- **Identifizieren Sie Ihre Bedürfnisse**: Bevor Sie mit dem Aufbau Ihres Netzwerks beginnen, ist es wichtig, Ihre Bedürfnisse zu identifizieren. Welche Art von Partnern und Anbietern benötigen Sie? Welche Art von Dienstleistungen benötigen Sie? Welche Art von Expertise benötigen Sie? Wenn Sie wissen, was Sie brauchen, können Sie Ihre Suche eingrenzen und die Suche nach den richtigen Partnern und Anbietern erleichtern.

- **Recherchieren Sie potenzielle Partner und Anbieter**: Sobald Sie Ihre Bedürfnisse identifiziert haben, ist es an der Zeit, mit der Suche nach potenziellen Partnern und Anbietern zu beginnen. Suchen Sie nach Unternehmen, die Dienstleistungen und Fachwissen anbieten, die Ihren Bedürfnissen entsprechen. Besuchen Sie ihre Websites, lesen Sie Bewertungen und sprechen Sie mit anderen Unternehmen, die ihre Dienste genutzt haben.

- **Erreichen Sie**: Sobald Sie potenzielle Partner und Anbieter identifiziert haben, ist es an der Zeit, sich an uns zu wenden. Kontaktieren Sie sie und erklären Sie, was Sie brauchen und warum Sie denken, dass sie gut passen würden. Stellen Sie Fragen und hören Sie sich ihre Antworten an.

- **Verhandlungsbedingungen**: Sobald Sie die richtigen Partner und Lieferanten gefunden haben, ist es an der Zeit, dieBedingungen auszuhandeln. Stellen Sie sicher, dass Sie die Bedingungen der Vereinbarung verstehen und dass Sie mit ihnen zufrieden sind.

- **Beziehungen aufbauen**: Sobald Sie die Bedingungen der Vereinbarung festgelegt haben, ist es wichtig, Beziehungen zu Ihren Partnern und Lieferanten aufzubauen. Nehmen Siesich die Zeit, sie und ihr Geschäft kennenzulernen. Dies wird dazu beitragen, dass Sie eine starke, langfristige Beziehung haben.

KAPITEL FÜNFZEHN

Entwicklung eines Systems zur Verfolgung des Fortschritts

Die Verfolgung des Fortschritts ist ein wichtiger Teil jedes Unternehmens, insbesondere für kleine Unternehmen und Start-ups, um ihren Erfolg zu messen und Verbesserungsbereiche zu identifizieren.

- **Ziele identifizieren:** Der erste Schritt bei der Entwicklung eines Systems zur Verfolgung des Fortschritts besteht darin, die Ziele des Unternehmens zu identifizieren, um sicherzustellen, dass das System auf die spezifischen Bedürfnisse des Unternehmens zugeschnitten ist. Ziele sollten spezifisch, messbar, erreichbar, realistisch und zeitgebunden sein

- **Etablische** Metriken: Sobald die Ziele identifiziert wurden, besteht der nächste Schritt darin, Metriken festzulegen, mit denen der Fortschritt bei der Erreichung dieser Ziele gemessen werden kann. Diese Metriken sollten basierend auf den

Zielen ausgewählt werden und messbar und umsetzbar sein.

- **Identifizierung vonLeistungsindikatoren:** Es ist wichtig, Key Performance Indicators (KPIs) zu identifizieren, die zur Messung des Fortschritts verwendet werden. KPIs sollten basierend auf den festgelegten Zielen ausgewählt und verwendet werden, um den Fortschritt im Laufe der Zeit zu verfolgen.

- **Einrichtung eines Berichtssystems**: Sobald KPIs identifiziert wurden, ist es wichtig, ein Berichtssystem einzurichten, mit dem der Fortschritt verfolgt wird. Dieses System sollte regelmäßige Berichte enthalten, die regelmäßig erstellt werden, z. B. wöchentlich oder monatlich. Diese Berichte solltenAngaben zu den ermittelten KPIs enthalten und zur Messung der Fortschritte im Zeitverlauf verwendet werden.

- **Einrichten eines Tracking-Systems:** Der nächste Schritt ist die Einrichtung eines Tracking-Systems. Dies kann mit einer Tabellenkalkulation oder einem Softwareprogramm erfolgen. Das Tracking-System solltedie etablierten

Metriken enthalten und regelmäßig aktualisiert werden.

- **Fortschritt überwachen:** Sobald das Tracking-System eingerichtet ist, ist es wichtig, den Fortschritt regelmäßig zu überwachen. Dies kann erreicht werden, indem das Tracking-System regelmäßig überprüft undbei Bedarf Anpassungen vorgenommen werden.

- **Maßnahmen ergreifen:** Sobald die Fortschritte überwacht wurden, ist es wichtig, Maßnahmen zu ergreifen, um sicherzustellen, dass die Ziele erreicht werden. Dies kann Änderungen am Geschäftsmodell, die Anpassung der KPIs oder die Implementierung neuer Strategien sein. Maßnahmensind unerlässlich, um sicherzustellen, dass das Unternehmen auf dem richtigen Weg ist, um seine Ziele zu erreichen.

- **Anpassungen vornehmen:** Wenn das Tracking-System anzeigt, dass keine Fortschritte erzielt werden, ist es wichtig, Anpassungen vorzunehmen. Dies kann die Änderung der Ziele, Metriken oder des Tracking-Systems beinhalten.

Die Entwicklung eines Systems zur Verfolgung des Fortschritts ist ein wichtiger Bestandteil eines erfolgreichenUnternehmens, insbesondere für kleine Unternehmen und Start-ups. In diesem Bericht wurden die hierfür erforderlichen Schritte skizziert.

SECHZEHNTES KAPITEL

Erstellen eines Systems für das Risikomanagement

Kleine Unternehmen und Start-ups sind oft mit einer Vielzahl von Risiken konfrontiert, dieerhebliche Auswirkungen auf ihre Geschäftstätigkeit haben können. Das Management dieser Risiken kann eine schwierige und zeitaufwändige Aufgabe sein, ist aber für den Erfolg des Unternehmens unerlässlich. Dieser Bericht skizziert ein System zum Risikomanagement für kleine Unternehmen und Start-ups.

- **Der** erste Schritt bei der Schaffung eines Systems für das Risikomanagement für kleine Unternehmen und Start-ups besteht darin, die mit dem Unternehmen verbundenen Risiken zu identifizieren. Dazu gehört die Identifizierung potenzieller Risiken wie finanzielle, betriebliche, rechtliche und ökologische Risiken. Sobald die Risiken identifiziert wurden, können sie basierend auf ihren potenziellen Auswirkungen auf das Geschäft kategorisiert und priorisiert werden.

- **Bewertung der Risiken: Sobald die Risiken** identifiziert wurden, besteht der nächste Schritt darin, die Risiken zu bewerten. Dies beinhaltet die Bewertung der potenziellen Auswirkungen der Risiken und die Bestimmung der Eintrittswahrscheinlichkeit der Risiken, der Eintrittswahrscheinlichkeit des Risikos, der Schwere der potenziellenAuswirkungen und der Kosten für die Risikominderung. Diese Analyse wird dazu beitragen, zu identifizieren, welche Risiken zuerst angegangen werden müssen und welche mit einer niedrigeren Priorität gemanagt werden können.

- **Entwicklung eines Risikomanagementplans:** Sobald die Risiken identifiziert und bewertet wurden, besteht der nächste Schritt darin, einen Risikomanagementplan zu entwickeln. Dieser Plan sollte Strategien zur Risikominderung enthalten, wie die Entwicklung von Strategien und Verfahren, die Umsetzung von Kontrollen und die Einrichtung eines Risikomanagementteams.

- **Umsetzung des Risikomanagementplans:** Nachdem der Risikomanagementplan entwickelt wurde, ist der nächste Schritt die Umsetzung des Plans. Dies beinhaltet die Umsetzung des Plans, z. B. die Entwicklung von Richtlinien und Verfahren, die Implementierung von Kontrollen und die Einrichtung eines Risikomanagementteams. Der Planenthält auch Maßnahmen zur Überwachung des Risikos und zur Gewährleistung seiner wirksamen Bewältigung.

- **Überwachung und Überprüfung des Risikomanagementplans:** Sobald der Risikomanagementplan implementiert wurde, besteht der nächste Schritt darin, den Plan zu überwachen und zu überprüfen. Dies kann durch regelmäßige Überprüfung der Risikobewertung und Risikoanalyse sowie durch Überwachung der Umsetzung des Risikominderungsplans erfolgen. Dies wird dazu beitragen, dass das Risiko wirksam gemanagt wird und dass alle Veränderungen im Risikoumfeld berücksichtigt werden.

- **Kommunizieren Sie den Risikomanagementplan:** Der letzte Schritt bei der Schaffung eines Systems zum Risikomanagement für kleine Unternehmen und Start-ups besteht darin, den Risikomanagementplan zu kommunizieren. Dazu gehört es, sicherzustellen, dass alle Beteiligten den Plan kennen und Sie ihre Rollen und Verantwortlichkeiten verstehen.

KAPITEL SIEBZEHN

Entwicklung eines Systems zur Verwaltung von Kundenbeziehungen

Hier geht es um die Schritte zur Entwicklung eines Systems zur Verwaltung von Kundenbeziehungen für kleine Unternehmen und Start-ups. Wir beschreiben die wichtigsten Merkmale des Systems, die Vorteile der Verwendung des Systems und die potenziellen Herausforderungen, die während des Entwicklungsprozesses auftreten können.

Das System zur Verwaltung der Kundenbeziehungen sollte die folgenden Hauptmerkmale enthalten:

- DieKundendatenbank speichert Kundeninformationen wie Kontaktdaten, Präferenzen und Kaufhistorie.

- CRM-System (Customer Relationship Management), mit dem Unternehmen Kundeninteraktionen verfolgen und Beziehungen zu Kunden aufbauen können.

- Kundenservice-System, das es Unternehmen ermöglicht, schnell auf Kundenanfragen und Beschwerden zu reagieren.

- Marketing-Automatisierungssystem, mit dem Unternehmen Kampagnen erstellen und verwalten, die Kundenbindung verfolgen und die Effektivität von Kampagnen messen können.

- Ein Analysesystem, mit dem Unternehmen das Kundenverhalten verfolgen und Trends erkennen können.

Ein System zur Verwaltung von Kundenbeziehungen bietet kleinen Unternehmen und Start-ups folgende Vorteile:

- **Verbesserter Kundenservice**: Das System ermöglicht es Unternehmen, schnell auf Kundenanfragen und Beschwerden zu reagieren, was zu einer verbesserten Kundenzufriedenheit führt.

- **Erhöhte Kundenbindung**: Das System ermöglicht es Unternehmen, Kundeninteraktionen zu verfolgen und Beziehungen zu Kunden aufzubauen, was zu einer erhöhten Kundenbindung führt.

- **Umsatzsteigerung**: Das System ermöglicht es Unternehmen, Kampagnen zu erstellen und zu verwalten, die Kundenbindung zu verfolgen und die Effektivität von Kampagnen zu messen, was zu höheren Umsätzen führt.

- **Verbesserte Entscheidungsfindung**: Das System ermöglicht es Unternehmen, das Kundenverhalten zu verfolgen und Trends zu identifizieren, was zu einer verbesserten Entscheidungsfindung führt.

Die Entwicklung eines Systems zur Verwaltung von Kundenbeziehungen wird die folgenden potenziellen Herausforderungen mit sich bringen:

- **Kosten**: Die Kosten für die Entwicklung des Systems können füreinige kleine Unternehmen und Start-ups unerschwinglich sein.
- **Komplexität:** Das System kann komplex zu implementieren und zu verwalten sein und spezielles Wissen und Ressourcen erfordern.
- **Sicherheit**: Das System muss sicher sein, um Kundendaten vor unbefugtem Zugriff zu schützen.

Das System zur Verwaltung von Kundenbeziehungen wird es Unternehmen ermöglichen, den Kundenservice zu verbessern, die Kundenbindung zu erhöhen, den Umsatz zu steigern und die Entscheidungsfindung zu verbessern. Die Entwicklung des Systems kann potenziellen Herausforderungen wie Kosten, Komplexitätund Sicherheit unterliegen.

KAPITEL ACHTZEHN

Entwicklung eines Systems zur Verwaltung von Mitarbeiterbeziehungen

Mitarbeiterbeziehungen sind ein wichtiger Bestandteil jedes Unternehmens, insbesondere für kleine Unternehmen und Start-ups. Ein gutes System zur Verwaltung der Mitarbeiterbeziehungen kann dazu beitragen, dass die Mitarbeiter glücklich und produktiv sind und das Geschäft reibungslos läuft. Hier sind einige Punkte für die Verwaltung von Mitarbeiterbeziehungen für kleine Unternehmen und Start-ups.

- Verbesserung der Kommunikation zwischen Mitarbeitern und Management.

- Schaffen Sie ein positives Arbeitsumfeld.

- Vertrauen und Respekt zwischen Mitarbeitern und Management fördern.

- Steigern Sie das Engagement und die Produktivität Ihrer Mitarbeiter.

- Reduzieren Sie die Mitarbeiterfluktuation.

Das System zur Verwaltung der Mitarbeiterbeziehungen für kleine Unternehmen und Start-ups sollte folgende Komponenten umfassen:

- **Offene Kommunikation**: Die Etablierung offener Kommunikationswege zwischen Mitarbeitern und Management ist unerlässlich. Dies kann durch regelmäßige Meetings, Feedback-Sitzungen und Umfragen erfolgen.

- **Mitarbeiteranerkennung**: Die Anerkennung und Belohnung von Mitarbeitern für ihre harte Arbeit und ihr Engagement ist wichtig, um ein positives Arbeitsumfeld zu schaffen. Dies kann durch Prämien, Boni und andere Anreize erfolgen.

- **Aus- und Weiterbildung**: Die Bereitstellung der notwendigen Aus- und Weiterbildungsmöglichkeiten für Mitarbeiter ist der Schlüssel zur Förderung von Vertrauen und Respekt zwischen Mitarbeitern und Management.

Dies kann durch Workshops, Seminare und andere Lernmöglichkeiten erfolgen.

- **Mitarbeiterengagement**: Die Ermutigung der Mitarbeiter, sich an ihrer Arbeit zu beteiligen, ist wichtig für die Steigerung der Produktivität. Dies kann durch Teambuilding-Aktivitäten, soziale Veranstaltungen und andere Aktivitäten erreicht werden.

- **Performance Management**: Die Einrichtung eines Systems für das Performance Management ist unerlässlich, um sicherzustellen, dass die Mitarbeiter ihre Ziele erreichen. Dies kann durch regelmäßige Mitarbeitergespräche und Feedbackgespräche erfolgen.

Ein System zur Verwaltung der Mitarbeiterbeziehungen für kleine Unternehmen und Start-ups ist unerlässlich, um sicherzustellen, dass die Mitarbeiter glücklich und produktiv sind und das Geschäft reibungslos läuft. Dies beschreibt ein System zur Verwaltung von Mitarbeiterbeziehungen für kleine Unternehmen und Start-ups, das offene Kommunikation, Mitarbeiteranerkennung, Schulung und Entwicklung, Mitarbeiterengagement und Leistungsmanagement umfasst. Die Implementierung dieses Systems trägt dazu bei, die Kommunikation zu verbessern, ein positives Arbeitsumfeld zu schaffen, Vertrauen und Respekt zu fördern, das Engagement und die Produktivität der Mitarbeiter zu steigern, die Mitarbeiterfluktuation zu reduzieren und den Kundenservice zu verbessern.

KAPITEL NINETEEN

Erstellen eines Systems zur Verwaltung des Inventars

Kleine Unternehmen und Start-ups haben oft Schwierigkeiten mit der Verwaltung ihres Inventars. Ohne das richtige System kann es schwierig sein, den Überblick darüber zu behalten, was auf Lager ist, was bestellt werden muss und wann Artikel wieder aufgefüllt werden müssen. Die Punkte skizzieren ein Systemzur Verwaltung von Inventar für kleine Unternehmen und Start-ups, das kostengünstig, einfach zu bedienen und effizient ist.

Der erste Schritt bei der Erstellung eines Warenwirtschaftssystems besteht darin, die kostengünstigste Lösung zu ermitteln. Für kleine Unternehmen und Start-ups bedeutet dies oft, vorhandene Software oder Hardware zu verwenden, die bereits verfügbar ist. Zum Beispiel können Cloud-basierte Software verwendet werden, um Lagerbestände, Bestellungen und Verkäufe zu verfolgen. Barcode-Scanner und RFID-Lesegeräte können verwendet werden, um Inventuren schnell und genau zu verfolgen.

Der nächste Schritt besteht darin, sicherzustellen, dass das System einfach zu bedienen ist. Dies bedeutet, dass die Software oder Hardware intuitiv und benutzerfreundlich sein sollte. Das System sollte in der Lage sein, sich in bestehende Systeme und Prozesse wie Buchhaltungssoftwareoder Point-of-Sale-Systeme zu integrieren.

Das System sollte effizient sein. Dies bedeutet, dass es in der Lage sein sollte, Lagerbestände, Bestellungen und Verkäufe schnell und genau zu verfolgen. Das System sollte in der Lage sein, Berichte und Warnungen zu generieren, wenn die Lagerbestände niedrig sind oderArtikel aufgefüllt werden müssen.

Die Schaffung eines Systems zur Verwaltung des Inventars für kleine Unternehmen und Start-ups ist für den Erfolg unerlässlich. Durch den Einsatz kostengünstiger Lösungen, die einfache Handhabung des Systems und seine Effizienz können die Unternehmensicherstellen, dass ihr Bestand ordnungsgemäß verwaltet wird.

KAPITEL ZWANZIG

Verwalten von Kundenfeedback

Kundenfeedback ist für kleine Unternehmen und Start-ups von unschätzbarem Wert. Es liefert wertvolle Einblicke in Kundenzufriedenheit, Produktqualität und Kundenservice. Durch die effektive Verwaltung von Kundenfeedback identifizieren Unternehmen Bereiche mit Verbesserungspotenzial und ergreifen die notwendigen Schritte, um die Kundenzufriedenheit sicherzustellen.

Im Folgenden finden Sie einige Tipps zur Verwaltung von Kundenfeedback für kleine Unternehmen und Start-ups:

Richten Sie ein System zum Sammeln von Kundenfeedback ein:

Der erste Schritt bei der Verwaltung von Kundenfeedback besteht darin, ein System zum Sammeln von Kundenfeedback einzurichten. Dies kann Umfragen, Kundendienstanrufe, Online-Ansichtenoder andere Methoden umfassen.

Methoden zum Sammeln von Kundenfeedback

- **Umfragen:** Umfragen sind eine der beliebtesten Methoden, um Kundenfeedback zu sammeln. Umfragen können online oder persönlich verteilt werden und können verwendet werden, um Feedback zu einer Vielzahl von Themen wie Kundenzufriedenheit, Produkt- oder Servicequalität und Kundenerfahrung zu sammeln.

- **Fokusgruppen:** Fokusgruppen sind eine großartige Möglichkeit, direktes Kundenfeedback zu erhalten. Fokusgruppen beinhalten das Zusammenbringen einer kleinen Gruppe von Kunden, um ein bestimmtes Produkt oder eine bestimmte Dienstleistung zu besprechen. Diese Art von Feedback kann von unschätzbarem Wert sein, um dieBedürfnisse und Vorlieben der Kunden zu verstehen.

- **Interviews:** Interviews sind eine weitere großartige Möglichkeit, Kundenfeedback zu sammeln. Interviews können persönlich oder telefonisch geführt werden und können verwendet werden, um die Bedürfnisse und Präferenzen der Kunden besser zu verstehen.

- **Online-Bewertungen:** Online-Bewertungen sind eine großartige Möglichkeit, Kundenfeedback zu erhalten. Kunden können Bewertungen auf Websites wie Yelp, Google und Facebook veröffentlichen, um wertvolle

Einblicke in die Kundenerfahrung zu erhalten.

- **Social Media:** Social Media ist eine großartige Möglichkeit, Kundenfeedback zu sammeln. Kunden können Kommentare und Bewertungen auf Social-Media-Plattformen wie Twitter, Facebook und Instagram posten, um wertvolle Einblicke in das Kundenerlebnis zu gewinnen.

- **Kundenservice:** Kundenservice ist eine großartige Möglichkeit,Kundenfeedback zu sammeln. Kunden können über Kundendienstkanäle wie Telefon, E-Mail und Live-Chat Feedback geben, um wertvolle Einblicke in die Kundenerfahrung zu erhalten.

Überwachen Sie regelmäßig das Kundenfeedback:

Sobald ein System zurErfassung von Kundenfeedback eingerichtet ist, ist es wichtig, das Kundenfeedback regelmäßig zu überwachen. Dies wird dazu beitragen, Trends oder Muster im Kundenfeedback zu identifizieren, die angesprochen werden können.

Reagieren Sie auf Kundenfeedback:

Sobald Kundenfeedback gesammelt wurde, ist es wichtig, zeitnah darauf zu reagieren. Dies könnte beinhalten, Kundenbeschwerden zu bearbeiten, Kunden für ihr Feedback zu danken oder Lösungen für Probleme anzubieten.

Kundenfeedback analysieren:

Sobald Kundenfeedback gesammelt und beantwortet wurde, ist es wichtig, das Feedback zu analysieren, um Trends oder Muster zu identifizieren. Dies wird dazu beitragen, Bereiche zu identifizieren, in denen sich das Geschäft verbessern kann.

Handeln:

Sobald das Kundenfeedback analysiert wurde, ist es wichtig, Maßnahmen zu ergreifen, um identifizierte Probleme zu beheben . Dies kann Änderungen an Produkten oder Dienstleistungen, die Verbesserung des Kundenservice oder die Implementierung neuer Richtlinien umfassen.

Nachbereitung:

Schließlich ist es wichtig, mit den Kunden in Kontakt zu treten, um sicherzustellen, dass ihr Feedback berücksichtigt wurde und dass alle vorgenommenen Änderungen wirksam waren. Dies wird dazu beitragen, dass Kunden mit dem Geschäft zufrieden sind und ihr Feedback ernst genommen wird.

Durch das Befolgen dieser Tipps können kleine Unternehmen und Start-ups Kundenfeedback effektiv verwalten und die Kundenzufriedenheit sicherstellen. Dies wird dazu beitragen, die Kundenbindung aufzubauen und den Umsatz zu steigern.

KAPITEL EINUNDZWANZIG

Entwicklung eines Systems zur Verwaltung von Kundendaten

Kleine Unternehmen und Start-ups müssen Kundendaten verwalten, um wettbewerbsfähig zu bleiben und ihre Gewinne zu maximieren. Kundendaten sind das Lebenselixier eines jeden Unternehmens, und es ist wichtig, über ein System zu verfügen, um diese Daten effektiv zu speichern und zu verwalten.

Der erste Schritt bei der Verwaltung von Kundendaten besteht darin, diese zu sammeln. Dies kann durch eine Vielzahl von Methoden erfolgen, z. B. Umfragen, Kundenfeedback-Formulare und Online-Anmeldungen. Sobald die Daten gesammelt sind, müssen sie in einer sicheren Datenbank gespeichert werden. Dies kann mit einem CRM-System (Customer Relationship Management) erfolgen, bei dem es sich um ein Softwareprogramm handelt,das zum Speichern und Verwalten von Kundeninformationen entwickelt wurde.

Sobald die Daten gespeichert sind, müssen sie organisiert werden. Dies kann durch die Erstellung von Kundenprofilen erfolgen, bei denen es sich um detaillierte Aufzeichnungen der Informationen jedes

Kunden handelt. Diese Profile könnenKontaktinformationen, Kaufhistorie, Präferenzen und andere relevante Daten enthalten.

Sobald die Kundenprofile erstellt sind, müssen die Daten analysiert werden. Dies kann mithilfe von Analysesoftware erfolgen, die helfen kann, Trends und Muster im Kundenverhalten zu identifizieren. Diese Daten können dann verwendet werden, um gezielte Marketingkampagnen zu erstellen und Kundenerlebnisse zu personalisieren.

Schließlich müssen die Daten auf dem neuesten Stand gehalten werden. Dies kann durch regelmäßige Aktualisierung von Kundenprofilen und Nachverfolgung von Kundeninteraktionen erfolgen. Dadurch wird sichergestellt , dass die Daten korrekt und aktuell sind, was für ein effektives Marketing und Kundenservice unerlässlich ist.

Verwenden Sie ein CRM-System (Customer Relationship Management):

Ein CRM-System ist eine großartige Möglichkeit, Kundendaten für kleine Unternehmen und Start-ups zu verwalten. Es ermöglicht Ihnen,Kundeninformationen zu speichern, Kundeninteraktionen zu verfolgen und Kundendaten zu analysieren, um das Kundenverhalten und die Präferenzen besser zu verstehen.

Nutzen Sie soziale Medien:

Social Media ist eine großartige Möglichkeit, mit Kunden in Kontakt zu treten und Beziehungen aufzubauen. Esbietet auch die Möglichkeit, Kundendaten wie demografische Daten, Interessen und Präferenzen zu sammeln.

Kundenfeedback sammeln:

Kundenfeedback ist von unschätzbarem Wert, wenn es darum geht, Kundenbedürfnisse und -präferenzen zu verstehen. Das Sammeln von Kundenfeedback durchUmfragen, Umfragen und andere Methoden kann Ihnen helfen, Ihre Kunden besser zu verstehen und fundierte Entscheidungen zu treffen.

Automatisierung nutzen:

Automatisierung kann Ihnen helfen, Zeit und Ressourcen bei der Verwaltung von Kundendaten zu sparen. Automatisierungstools können Ihnen helfen, die Datenerfassung von Kunden zu optimieren, Kunden zu segmentieren und die Kundenkommunikation zu automatisieren.

Kundendaten analysieren:

Die Analyse von Kundendaten kann Ihnen helfen, wertvolle Einblicke in das Verhalten und die Präferenzen Ihrer Kunden zu gewinnen . Dies kann Ihnen helfen, Kundenbedürfnisse besser zu verstehen und Strategien zu entwickeln, um sie besser zu bedienen.

Die Verwaltung von Kundendaten ist für kleine Unternehmen und Start-ups unerlässlich. Durch das Sammeln, Speichern, Organisieren, Analysieren und Aktualisieren von Kundendaten können Unternehmen ihre Gewinne maximieren und wettbewerbsfähig bleiben.

Wir wünschen Ihnen ein glückliches Geschäft!

Erschließen Sie jetzt Ihr Geschäftspotenzial

Wir hoffen, dass dieses Buch eine wertvolle Ressource für Kleinunternehmer und Start-ups war, die ihr Geschäft entwickeln möchten. Wir haben einen umfassenden Überblick über die verschiedenen Aspekte der Geschäftsentwicklung gegeben, vom Verständnis des Marktes und der Identifizierung von Chancen bis hin zur Entwicklung eines Geschäftsplans und der Verwaltung der Finanzen. Wir haben auch darüber gesprochen, wie wichtig es ist, ein starkes Team zu entwickeln und eine Kultur der Innovation zu schaffen.

Wir wünschen Ihnen viel Glück bei Ihrer Geschäftsentwicklung!

Aufrichtig
Sangati Jagan Mohan Reddy
Sie erreichen mich unter
Twitter : @jaganreddyms
Koo : @jmr

www.ingramcontent.com/pod-product-compliance
Lightning Source LLC
Chambersburg PA
CBHW071133220526
45467CB00015B/945